# 地铁施工重特大危险源安全管理指南

主编 程景栋

西南交通大学出版社
·成都·

图书在版编目（CIP）数据

地铁施工重特大危险源安全管理指南 / 程景栋主编. —成都：西南交通大学出版社，2021.4
ISBN 978-7-5643-8011-3

Ⅰ. ①地… Ⅱ. ①程… Ⅲ. ①地下铁道车站 – 工程施工 – 重大危险源 – 危险源控制 – 指南 Ⅳ. ①U231.3 – 62

中国版本图书馆 CIP 数据核字（2021）第 067845 号

Ditie Shigong Zhong-teda Weixianyuan Anquan Guanli Zhinan
**地铁施工重特大危险源安全管理指南**

| | |
|---|---|
| 主　　编 / 程景栋 | 责任编辑 / 陈　斌 |
| | 封面设计 / 何东琳设计工作室 |

西南交通大学出版社出版发行
（四川省成都市金牛区二环路北一段 111 号西南交通大学创新大厦 21 楼　610031）
发行部电话：028-87600564　　028-87600533
网址：http://www.xnjdcbs.com
印刷：四川煤田地质制图印刷厂

成品尺寸　185 mm×260 mm
印张　13.25　　字数　236 千
版次　2021 年 4 月第 1 版　　印次　2021 年 4 月第 1 次

书号　ISBN 978-7-5643-8011-3
定价　68.00 元

图书如有印装质量问题　本社负责退换
版权所有　盗版必究　举报电话：028-87600562

# 本书编委会

主　　　　任：陈卫国
常务副主任：李　琦
副　主　任：唐　浩　樊涛生
委　　　员：杨庭友　程景栋　余仁国　杨栓民　赵阶勇　董天鸿
　　　　　　谢　成　方道伟　陶方清　吴咏亮　谢军旗　段军朝
　　　　　　彭忠国　王玉恒　陈　芹　施　清

主　　　编：程景栋
副　主　编：余仁国　杨栓民　王玉恒　李家顺　施　清
参　　　编（按姓氏笔画为序）：
　　　　　　王秋添　文　俊　卞永生　任　飞　刘军安　刘锡良
　　　　　　刘增波　吴咏亮　许　栋　孙　钊　杨三议　何　波
　　　　　　何凯罡　余　翔　张　能　张国平　贾锐奇　徐　智
　　　　　　唐能权　彭忠国　蒋树文　谢军旗　翟新文

# 前言

城市轨道交通，是指在城市中修建的快速、大运量、大众化、用电力牵引、线路全封闭的轨道交通工程。地铁是城市公共交通的骨干，具有节能、省地、运量大、全天候、无污染（或少污染）、安全等特点，属绿色环保交通体系，特别适用于大中城市。目前，地铁已经不局限于运行线在地下隧道中的这种形式，而是泛指采用高规格电客列车，同时高峰小时单向运输能力在1万至7万人的大容量城市轨道交通系统。

地铁一般在城市市区施工，线路较长，面临的工程环境较为复杂，涉及的重特大危险源施工众多，安全管理难度极大。建设过程中涉及的参建单位、监督和管理单位众多，需对接的关系较多；涉及的城市建构筑物、城市交通导改、城市管线较多；涉及的地质情况复杂多变。建设过程中广泛采用车站深基坑土方开挖、降水、支护施工，车站主体结构高支模施工，盾构隧道施工，区间矿山法施工，瓦斯隧道施工，轨行区施工，群塔作业，大型设备管理，管线施工，防汛等重特大危险源施工，稍有不慎，就会发生安全事故。

为确保工程目标的顺利实现，对现场安全的严格管控必不可少，特别是对重特大危险源的有效管控尤为关键。在实施中应做到安全体系监督与现场巡查监督相结合，把握实施过程中的每一个环节，真正实现对重特大危险源的有效控制和管理。本书以国家安全管理相关规范、施工指导书和中建三局集团有限公司相关安全管理标准为依据，参考成都地铁建设中的相关经验，重点介绍了重特大危险源管理流程、深基坑施工安全管理、主体结构高支模施工安全管理、矿山法施工安全管理、瓦斯隧道施工安全管理等实际操作方面的内容。

本书可作为地铁施工重特大危险源安全管理的参考，也可作为地铁工程项目现场建设的基本教材，对地铁行业管理人员及技术人员有一定的指导意义。

由于时间紧迫，工作量大，加上编者水平有限，书中疏漏及不足之处在所难免，敬请广大读者、专家批评指正。

编　者
2021年1月

# 目录

**第一章　地铁施工重特大危险源安全管理概述 / 001**

　　1.1　地铁施工重特大危险源安全管理概述 / 001
　　1.2　重特大危险源的管理流程 / 002
　　1.3　重特大危险源的辨识 / 002
　　1.4　重特大危险源过程管理 / 005
　　1.5　部分重特大危险源的管理重点 / 007

**第二章　深基坑施工安全管理 / 008**

　　2.1　概述 / 008
　　2.2　管控重点及措施 / 009
　　2.3　标准化做法及常见隐患 / 010

**第三章　主体结构高大模板支撑体系施工安全管理 / 024**

　　3.1　概述 / 024
　　3.2．管控重点及措施 / 024
　　3.3　标准化做法及常见隐患 / 025

**第四章　矿山法暗挖隧道施工安全管理 / 033**

　　4.1　概述 / 033
　　4.2　矿山法暗挖隧道施工管控重点及措施 / 033
　　4.3　矿山法施工标准做法 / 035

| 第五章 | 瓦斯隧道施工安全管理 / 059 |
|---|---|
| | 5.1 瓦斯隧道的灾害类型 / 059 |
| | 5.2 瓦斯管控重点及措施 / 060 |
| | 5.3 瓦斯隧道施工安全管理标准做法 / 061 |

| 第六章 | 盾构隧道施工安全管理 / 072 |
|---|---|
| | 6.1 概述 / 072 |
| | 6.2. 管控重点及管控措施 / 073 |
| | 6.3 常见安全问题及标准做法 / 076 |

| 第七章 | 轨行区施工安全管理 / 092 |
|---|---|
| | 7.1 概述 / 092 |
| | 7.2 管控重点及措施 / 093 |
| | 7.3 标准化做法及常见隐患 / 094 |

| 第八章 | 防汛施工安全管理 / 108 |
|---|---|
| | 8.1 概述 / 108 |
| | 8.2 管控重难点及措施 / 109 |
| | 8.3 标准做法及常见防汛安全隐患 / 109 |

| 第九章 | 起重吊装安全管理 / 119 |
|---|---|
| | 9.1 概述 / 119 |
| | 9.2. 起重吊装及起重机械安装拆卸工程危险性分级 / 119 |
| | 9.3 起重设备事故分类 / 120 |
| | 9.4. 管控重点及措施 / 120 |
| | 9.5 起重吊装机械设备使用标准做法 / 122 |

| 第十章 | 管线施工安全管理 / 132 |
|---|---|
| | 10.1 概述 / 132 |
| | 10.2 管线施工的管控重点及措施 / 133 |
| | 10.3 各类管线具体保护措施 / 135 |

## 第十一章 重特大危险源施工应急管理 / 143

    11.1 应急处置原则 / 143

    11.2 险情描述及分级 / 143

    11.3 预防与预警 / 145

    11.4 突发事件应急信息报送 / 146

    11.5 应急响应 / 147

    11.6 应急救援保障措施 / 149

    11.7 应急救援演练 / 150

## 第十二章 安全信息化管理 / 152

    12.1 概述 / 152

    12.2 隧道瓦斯浓度自动监控系统 / 153

    12.3 盾构施工实时数据监控系统 / 154

    12.4 重特大危险源远程监控系统 / 154

    12.5 隧道施工人员定位系统 / 155

    12.6 劳务人员实名制管理系统 / 157

    12.7 安全隐患排查点巡检系统 / 158

    12.8 各类安全风险监控系统运行与维护管理 / 158

## 附 录 / 159

    附表1~10 地铁施工重特大危险源安全管理概述附表 / 159

        附表1 深基坑工程开工条件验收记录表 / 159

        附表2 高大模板支撑体系开工条件验收记录表 / 161

        附表3 人工挖孔桩开工前安全条件验收记录表 / 163

        附表4 顶管开工前安全条件验收记录表 / 165

        附表5 矿山法、盖挖施工开工条件验收记录表 / 167

        附表6 盾构起重吊装开工条件验收记录表 / 169

        附表7 盾构始发、到达开工条件验收记录表 / 171

        附表8 盾构穿越建（构）筑物开工条件验收记录表 / 173

        附表9 盾构机换刀开工条件验收记录表 / 175

        附表10 瓦斯隧道工程开工条件验收记录表 / 177

**附表11~13**　　主体结构高大模板支撑体系施工安全管理附表 / 179
　　　　附表11　　模板支架过程检查表 / 179
　　　　附表12　　模板支架使用验收表 / 180
　　　　附表13　　高大模板支架混凝土浇筑核准表 / 181
　　**附表14~18**　　瓦斯隧道施工安全管理附表 / 182
　　　　附表14　　瓦斯隧道测风平行检验表（旬测）/ 182
　　　　附表15　　安全监控系统巡检记录表 / 183
　　　　附表16　　人工检测巡检记录表 / 184
　　　　附表17　　瓦斯隧道"两闭锁"检测记录表 / 185
　　　　附表18　　瓦斯隧道安全日常检查记录表 / 186
　　**附表19~21**　　盾构隧道施工安全管理概述附表 / 187
　　　　附表19　　成都地铁盾构工程应急救援物资设备 / 187
　　　　附表20　　交接班记录表 / 189
　　　　附表21　　渣土及注浆量统计表　190
　　**附表22~23**　　轨行区施工安全管理附表 / 191
　　　　附表22　　轨行区作业票 / 191
　　　　附表23　　轨行区行车作业票 / 192
　　**附表24~31**　　起重吊装安全管理附表 / 193
　　　　附表24　　项目进场设备验收单 / 193
　　　　附表25　　大型设备登记台账 / 194
　　　　附表26　　机械设备交接班记录 / 195
　　　　附表27　　机械设备周检记录 / 196
　　　　附表28　　机械设备保养记录 / 197
　　　　附表29　　特种作业人员花名册 / 198
　　　　附表30　　起重作业吊装令 / 199
　　　　附表31　　超过一定规模的起重作业吊装令 / 200

**参考文献 / 201**

# 第一章 地铁施工重特大危险源安全管理概述

## 1.1 地铁施工重特大危险源安全管理概述

（1）目前城市轨道交通的主要形式是地下铁路和高架轻轨，地铁工程的结构组成如图1-1所示。

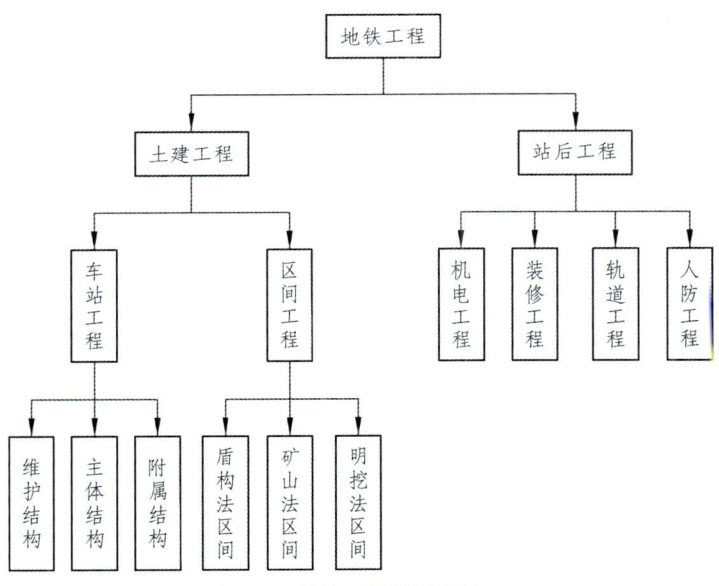

图 1-1 地铁工程的结构组成

（2）地铁施工除常规的深基坑开挖、高大模板施工、管线迁改及保护、起重吊装、负环管片拆除等重大危险源外，还存在着低瓦斯区盾构法施工、高瓦斯区矿山法施工、盾构穿越既有线及重要河流等特别重大危险源，施工安全风险高。为了有效控制和防范安全事故的发生，应制定专门的管理流程和制度来规范重特大危险源的管理。

## 1.2 重特大危险源的管理流程（见图1-2）

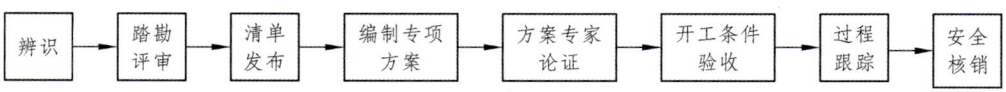

图1-2 重特大危险源安全管理流程

## 1.3 重特大危险源的辨识

### 1.3.1 重特大危险源的分类

为了突出管理重点，根据《危险性较大的分部分项工程安全管理规定》（中华人民共和国住房和城乡建设部令第37号）、《住房城乡建设部办公厅关于实施〈危险性较大的分部分项工程安全管理规定〉有关问题的通知》（建办质〔2018〕31号）及其他地铁施工过程中可能发生的事故危险，可以按照现场危险源可能发生事故的概率以及发生事故的危害程度，分为危险性较大的分部分项工程和超过一定规模的危险性较大的分部分项工程两类，实行分级动态管理（见表1-1）。

表1-1 危大工程分类表

| 危险性较大的分部分项工程 | 超过一定规模的危险性较大的分部分项工程 |
| --- | --- |
| 1．基坑工程<br>（1）开挖深度超过3 m（含3 m）的基坑（槽）的土方开挖、支护、降水工程。<br>（2）开挖深度虽未超过3 m，但地质条件、周围环境和地下管线复杂，或影响毗邻建、构筑物安全的基坑（槽）的土方开挖、支护、降水工程。<br>2．模板工程及支撑体系<br>（1）各类工具式模板工程：滑模、爬模、飞模、隧道模等工程。<br>（2）混凝土模板支撑工程：搭设高度5 m及以上，或搭设跨度10 m及以上，或施工总荷载（荷载效应基本组合的设计值，以下简称设计值）10 kN/㎡及以上，或集中线荷载（设计值）15 kN/m及以上，或高度大于支撑水平投影宽度且相对独立无联系构件的混凝土模板支撑工程。 | 1．深基坑工程<br>开挖深度超过5 m（含5 m）的基坑（槽）的土方开挖、支护、降水工程。<br>2．模板工程及支撑体系<br>（1）各类工具式模板工程：滑模、爬模、飞模、隧道模等工程。<br>（2）混凝土模板支撑工程：搭设高度8 m及以上，或搭设跨度18 m及以上，或施工总荷载（设计值）15 kN/㎡及以上，或集中线荷载（设计值）20 kN/m及以上。<br>（3）承重支撑体系：用于钢结构安装等满堂支撑体系，承受单点集中荷载7 kN及以上。<br>3．起重吊装及起重机械安装拆卸工程<br>（1）采用非常规起重设备、方法，且单件起吊重量在100 kN及以上的起重吊装工程。<br>（2）起重量300 kN及以上，或搭设总高度200 m及以上，或搭设基础标高在200 m及以上的起重机械安装和拆卸工程。 |

续 表

| 危险性较大的分部分项工程 | 超过一定规模的危险性较大的分部分项工程 |
|---|---|
| （3）承重支撑体系：用于钢结构安装等满堂支撑体系。<br>3．起重吊装及起重机械安装拆卸工程<br>（1）采用非常规起重设备、方法，且单件起吊重量在10 kN及以上的起重吊装工程。<br>（2）采用起重机械进行安装的工程。<br>（3）起重机械安装和拆卸工程。<br>4．脚手架工程<br>（1）搭设高度24 m及以上的落地式钢管脚手架工程（包括采光井、电梯井脚手架）。<br>（2）附着式升降脚手架工程。<br>（3）悬挑式脚手架工程。<br>（4）高处作业吊篮。<br>（5）卸料平台、操作平台工程。<br>（6）异型脚手架工程。<br>5．拆除工程<br>可能影响行人、交通、电力设施、通信设施或其他建、构筑物安全的拆除工程。<br>6．暗挖工程<br>采用矿山法、盾构法、顶管法施工的隧道、洞室工程。<br>7．其他<br>（1）建筑幕墙安装工程。<br>（2）钢结构、网架和索膜结构安装工程。<br>（3）人工挖孔桩工程。<br>（4）水下作业工程。<br>（5）装配式建筑混凝土预制构件安装工程。<br>（6）采用新技术、新工艺、新材料、新设备可能影响工程施工安全，尚无国家、行业及地方技术标准的分部分项工程 | 4．脚手架工程<br>（1）搭设高度50 m及以上的落地式钢管脚手架工程。<br>（2）提升高度在150 m及以上的附着式升降脚手架工程或附着式升降操作平台工程。<br>（3）分段架体搭设高度20 m及以上的悬挑式脚手架工程。<br>5．拆除工程<br>（1）码头、桥梁、高架、烟囱、水塔或拆除中容易引起有毒有害气（液）体或粉尘扩散、易燃易爆事故发生的特殊建、构筑物的拆除工程。<br>（2）文物保护建筑、优秀历史建筑或历史文化风貌区影响范围内的拆除工程。<br>6．暗挖工程<br>采用矿山法、盾构法、顶管法施工的隧道、洞室工程。<br>7．其他<br>（1）施工高度50 m及以上的建筑幕墙安装工程。<br>（2）跨度36 m及以上的钢结构安装工程，或跨度60 m及以上的网架和索膜结构安装工程。<br>（3）开挖深度16 m及以上的人工挖孔桩工程。<br>（4）水下作业工程。<br>（5）重量1 000 kN及以上的大型结构整体顶升、平移、转体等施工工艺。<br>（6）采用新技术、新工艺、新材料、新设备可能影响工程施工安全，尚无国家、行业及地方技术标准的分部分项工程 |

### 1.3.2 重特大危险源的清单

**1．重特大危险源的清单形成**

（1）在勘察、设计单位列出的危大工程清单基础上，结合重特大危险源界定范围，项目部应结合施工现场实际情况编制重特大危险源报告。报告应包括工程设计情况、地质勘测情况、周边情况踏勘（尤其是站房和区间所涉及的管线、河流和周边构建筑物）和工筹情况。

（2）重特大危险源报告形成后，经项目部和总承包管理单位（以下简称"指挥部"）审核后，应组织专家开展超规模及特别危大工程危险源辨识及踏勘评审工作，建设、设计、勘察、监理等单位参加。评审结束后项目部根据专家意见修订和发布超规模及特别危大工程清单，如图1-3所示。

附件

土建工程重特大危险源清单

| 编号 | 标段 | 区间/车站 | 危险源名称 | 特征描述 | 级别 |
|---|---|---|---|---|---|
| 11-T001 | 1标 | 会~新、新~新东、新东~新南区间 | 低瓦斯盾构施工 | 会~新南3区间大部分为全断面穿越中风化砂岩，局部地段穿越强风化砂岩，均为低瓦斯地层，其中会~新区间长468.805m，斜穿新川大道综合管廊（宽3.5m×高3.9m），与隧道顶竖向净距约2.4m；新~新东区间长度558.914m，在左线下穿新成仁路电力隧道（宽3.2m×高3.9m），与隧道顶最小竖向净距约0.9m，同时左右线均下穿新成仁路DN159钢制高压燃气管道，与隧道顶最小竖向净距约5.0m；新东~新南区间长698.004m，设1座联络通道，左、右线均下穿华阳大道电力隧道（宽3.2m×高4m），与隧道顶最小竖向净距0.16m，后期考虑抬高2m避开盾构推进区域。 | 特别重大 |
| 11-T002 | 2标 | 新南~万区间 | 高瓦斯矿山法施工 | 暗挖隧道长355m，单洞单线断面，全断面穿越中风化砂岩，高瓦斯地层。区间设4个竖井，长宽深分别为13.8m×9m×29m、11m×9m×30m、11m×9m×31m、11m×9m×32m。 | 特别重大 |
| 11-T003 | 2标 | 万~麓区间 | 高瓦斯矿山法施工 | 万~麓区间暗挖段总长约504m，其中278m为单洞双线，其余为单洞单线断面，隧道全断面穿越中风化砂岩，均为高瓦斯地层，工设4个竖井，长宽深为11m×9m×18.9m。 | 特别重大 |
| 11-T004 | | 麓~沈区间 | 高瓦斯矿山法施工 | 麓~沈区间两端为暗挖段，断面形成为单洞单线，全断面穿越中风化泥岩、高瓦斯地层，靠近麓山大道暗挖段长度为489m，该段下穿中国移动天府新区分公司，靠近沈阳路站暗挖段长度为25.9m。靠近麓山大道站暗挖段设计有4个竖井，尺寸分别为长8.6m×宽6.6m和长11.4m×宽6.6m，深度为29.8~20.8m。 | 特别重大 |
| 11-T005 | 3标 | 沈~大、大~庙区间 | 高瓦斯矿山法施工 | 1.沈~大区间暗挖段长377m，断面形式为单洞单线隧道，全断面穿越中风化泥岩，高瓦斯地层。设4做竖井，平面尺寸为11m×9m，深度为24.5m~27m。2.大~庙区间暗挖段长34m，断面形式为单洞单线隧道，全断面穿越中风化泥岩，高瓦斯地层。 | 特别重大 |

图1-3 重特大危险源清单示例

## 2. 重特大危险源清单管理

（1）每年、月初，项目部应发布年、月度重特大危险源清单。建立危大工程公示制度，公示内容包括危大工程名称、出现的时段、涉及的危险因素、控制措施、责任部门和责任人，在施工现场入口显著位置挂牌公告，如图1-4所示。

（2）对于已经完工的重特大危险源，在危险源清单台账中要及时核销，并注明核销时间。

（a）　　　　　　　　　　　　（b）

图1-4 重特大危险源公示及月度清单

## 1.4 重特大危险源过程管理

### 1.4.1 专项方案编制及专家论证

专项方案编制内容、报审程序及专家论证程序详见《住房城乡建设部办公厅关于实施〈危险性较大的分部分项工程安全管理规定〉有关问题的通知》（建办质〔2018〕31号）和《危险性较大的分部分项工程安全管理规定》（中华人民共和国住房和城乡建设部令第37号），安全专项方案专家论证流程具体如下（见图1-5）。

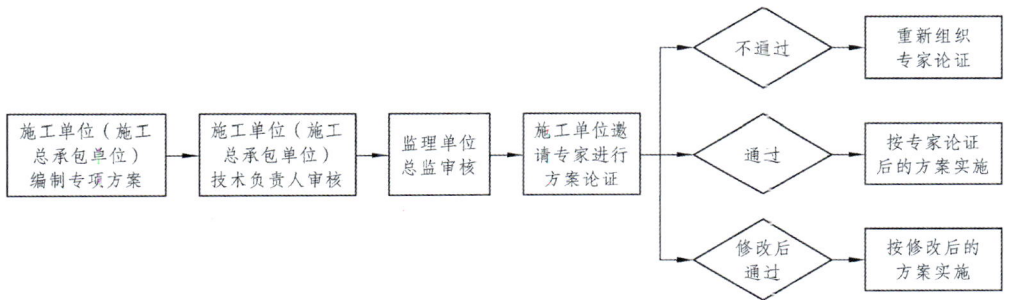

图1-5 重特大危险源安全专项方案专家论证流程

### 1.4.2 开工条件验收

**1. 重特大危险源开工条件验收应具备的条件**

（1）超规模及特别危险、重大工程的专项方案已按管理办法要求通过专家评审，并按照专家意见对专项方案修改完善且完成相应的审批。

（2）超规模及特别危险、重大工程开工前，与之相关的前置工序应通过监理验收，并形成验收记录。

（3）超规模及特别危险、重大工程开工前已按专项方案要求完成相关人员（项目部项目负责人必须在施工项目现场履职，不得擅自脱岗）、材料及设备的准备，已明确施工时现场监督的专职安全管理人员。

（4）按要求完成相关人员的教育培训和安全技术交底。

（5）按专项方案要求完成应急预案的编制和审批，应急救援机构设置及应急物资准备到位。要求提前组织应急演练的需按要求完成，演练影像资料存档备查。

（6）各类重特大危险源开工时应具备的其他前提条件，例如：涉及起重吊装作业的，定式起重设备安装专项方案已按要求完成编制、审批及备案，设备进场检验检测资料、安装单位专业分包资质、安装作业人员资质通过审查和备案。

**2. 验收组织及验收程序**

（1）验收组织。

开工条件验收根据项目管理要求，可以由指挥部、监理单位或业主单位组织，其余参建单位参加。涉及既有线路和管线等产权单位，可邀请既有线路运营单位和管线产权单位参加。

（2）验收程序。

开工条件验收应根据开工条件验收条件，查看现场准备情况以及内业资料完成情况。参建各单位根据验收条件情况提出验收意见。

（3）验收结果。

验收结论通过后方可开工，对验收不予通过的应按要求进行整改后重新组织验收。

### 1.4.3 重特大危险源的过程监控

**1. 实行申请审批制**

（1）施工作业前，由工区责任工程师提出申请（施工现场危险作业申请），落实监护人，经项目安全总监批准后在规定的区域和时间进行作业。

（2）项目生产经理应当严格按照专项方案组织施工，不得擅自修改、调整专项方案。

**2. 落实旁站监督制**

（1）项目安全总监应当指定专人对专项方案关键工序实施情况进行现场安全旁站监督和按规定进行监测，巡查专项方案实施情况。发现不按照专项方案施工的，应当要求其立即整改；发现重大安全隐患，立即下达局部停工整改令；有危及人身安全紧急情况的，应当立即组织作业人员撤离危险区域。

（2）项目总工程师应当定期巡查专项方案关键工序实施情况。

（3）项目责任工程师作业实施过程中的旁站监督确保按照方案实施。

### 3. 建立监管台账制

标段项目部建立项目危险性较大工程关键工序安全监管计划和实施台账（见表1-2）。

表 1-2  危险性较大工程关键工序安全监管台账

| 序号 | 项目 | 车站/区间 | 危险源编号 | 危险源名称 | 特征描述 | 主要拟采取措施 | 危险源级别 | 方案评审情况 | 未施工 | 正在进行 | 已核销 | 施工进度 | 消除情况 |
|---|---|---|---|---|---|---|---|---|---|---|---|---|---|
| 1 | | | | | | | | | | | | | |
| 2 | | | | | | | | | | | | | |

## 1.5  部分重特大危险源的管理重点（见表1-3）

表 1-3  部分重特大危险源的管理重点

| 序号 | 重特大危险源类别 | 管理重点 |
|---|---|---|
| 1 | 高瓦斯隧道施工 | 门禁管理、通风管理、瓦斯检测、自动监控、动火审批、防爆改装、用电管理、超前地质预报、特殊情况的紧急处置 |
| 2 | 盾构开仓换刀 | 地面降水、地面加固、气体检测、隧道及土仓通风、掌子面检查、换刀作业、动火作业、应急处置 |
| 3 | 盾构穿越河流 | 盾尾密封、铰接密封、洞内应急物资、盾构应急设备、掘进参数、出渣控制、同步注浆 |
| 4 | 低瓦斯盾构 | 门禁管理、通风管理、瓦斯检测、自动监控、动火审批、用电管理、盾构机改装、特殊情况的紧急处置 |
| 5 | 爆破作业 | 炸药的存放、炸药洞内运输、爆破作业、一炮三检 |
| 6 | 暗挖隧道 | 超前地质、隧道开挖、初期支护、监控量测 |
| 7 | 高大模板 | 模板拼装、拆卸，支撑体系的安装，临边防护，材料堆码 |
| 8 | 深基坑 | 周边构建筑物、降水、开挖深度和坡比、临边防护、交通安全 |

# 第二章 深基坑施工安全管理

## 2.1 概述

在地铁车站施工过程中，深基坑开挖属于重点内容，是项目能否顺利进行的关键。根据《住房城乡建设部办公厅关于实施〈危险性较大的分部分项工程安全管理规定〉有关问题的通知》（建办质〔2018〕31号）文件规定，开挖深度超过5 m（含5 m）的基坑，即为深基坑作业。从特点上来看，地铁深基坑施工具有较强的综合性，同时地铁深基坑施工受环境因素影响程度较大，具备区域性特点。

车站多设置在人口稠密、建筑物密集地段，紧靠重要市政道路，周边地下管线密集，深基坑工程施工易引起周边构筑物和地下管线沉降，尤其对陈旧的浅基础建筑影响更大。地铁工程线路较长、车站深度较深，会面临多种不同的地质情况。施工难度大，不可预见因素多。目前，国内城市的地铁规划已成网，随着线路的增多，地下3~4层已很常见，施工场地狭小，不允许放坡大开挖，车站深基坑施工对支护施工质量要求较高。

## 2.2 管控重点及措施（见表2-1）

表2-1 深基坑施工安全管控重点及措施

| 序号 | 管控重点 | 管控措施 |
| --- | --- | --- |
| 1 | 施工工艺及降排水措施 | 深入了解施工场地及周边、地表至支护结构底面下一定深度范围内地层结构、岩土性状、含水层性质、地下水位、渗透系数等地质参数，确定合理的施工工艺及降排水措施 |
| 2 | 开挖与支护 | 开挖及支护方式主要分为：①放坡开挖：一般只能在地质条件较好、周边空旷、结构埋深较浅的情况下使用；②围护结构加内支撑：基坑安全性较高，对周边构建筑物、管线的变形控制较好，是城区内明挖基坑多采用的支护方式；③围护结构加锚索、锚杆及土钉墙：一般变形值较大，多应用在周边建构筑物较少的场区，或由于基坑宽度较大、难以采用内支撑的工程。土方开挖过程应遵循"分段开挖、先撑后挖、先中间后两边"的原则 |
| 3 | 施工监测 | 引进第三方专业检测单位每日对基坑及邻近建构筑物进行监测，并对每日检查数据进行分析，提前发现异常并预警，及时消除不安全因素 |
| 4 | 管线保护 | 施工前需对施工范围内管线进行调查，形成调查核实报告。并编制管线保护手册，建立责任清单，落实到人。施工时，安排专人旁站，并遵循"先探后挖，双确认"的原则，根据实际情况对管线采取废除、永久迁改、原位保护、悬吊保护、临时迁改及迁改后保护等措施，并设置管线标识标牌进行警示 |
| 5 | 邻近建构筑物及道路 | 施工前需对邻近建构筑物及道路进行实地调查，对原位保护的应采取合理的加固措施，并每日进行监测。对需要临时迁改或占道的道路，为保证交通畅通及安全，需提前到政府相关部门备案并设置交通指示进行引导 |
| 6 | 防汛 | 根据周边历史最大降雨量沿基坑边设置连续的截排水沟及防水挡墙，配备防汛沙袋，基坑内提前安设至少2台（一用一备）45 kW大功率水泵，配置应急发电机。并安排人员24 h值班，发现异常及时上报并采取措施 |
| 7 | 防护设施 | 基坑周边应设置连续闭合的定型化防护，基坑上下应设置人员上下通道及逃生通道，钢支撑安拆过程应设置生命线等人员保护措施 |
| 8 | 环境保护 | 现场施工时要严控扬尘，围挡上方设置喷淋系统，对开挖部位设置移动雾炮进行重点降尘，渣土车均需进行全覆盖，场地出入口需设置车辆冲洗设备 |

## 2.3 标准化做法及常见隐患

### 2.3.1 基坑支护形式

基坑的支护形式主要为围护桩支护体系，具有条件时宜采用放坡。

#### 1. 围护桩支撑

内支撑系统一般由排桩围护体、水平内支撑以及竖向支撑三部分组成，内支撑结构包含了内支撑水平结构和竖向支撑结构。内支撑系统具有无须侵占基坑外侧地下空间资源、支撑刚度大；采用型钢立柱和钢管水平支撑时，型钢拼接速度快、对环境无污染、可以回收再利用；可有效控制基坑变形等诸多优点。它在深基坑工程中已得到了广泛的应用，特别在环境保护要求高的深大地铁基坑工程中更是成为优选的设计方案。

内支撑系统中的竖向支撑一般由钢立柱和立柱桩一体化施工构成，其主要功能是作为内支撑的竖向承重结构，并保证内支撑的纵向稳定、加强内支撑体系的空间刚度。常用的钢立柱形式一般有角钢格构柱、H型钢柱以及钢管混凝土柱等，立柱桩常用的为灌注桩，如图2-1所示。

图2-1 钢立柱（格构柱）

土方开挖到水平钢支撑设计标高时，及时进行钢围檩及水平钢支撑架设，钢围檩需连续，且后背应填实。水平钢支撑架设时通过特制的液压千斤顶对活动端端部施加顶力，达到设计值后，再用锰钢特制的楔形隼子塞紧，最后取下千斤顶。钢支撑架设流程如图2-2所示，水平钢支撑标准做法及常见隐患如图2-3所示，钢围檩标准做法及隐患如图2-4所示，钢支撑平面布置如图2-5所示。

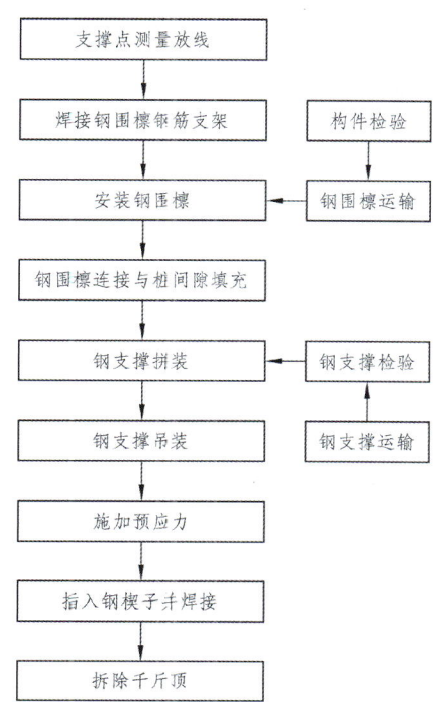

图 2-2 钢支撑架设流程

图 2-3 水平钢支撑标准做法及常见隐患

图2-4 钢围檩标准做法及隐患

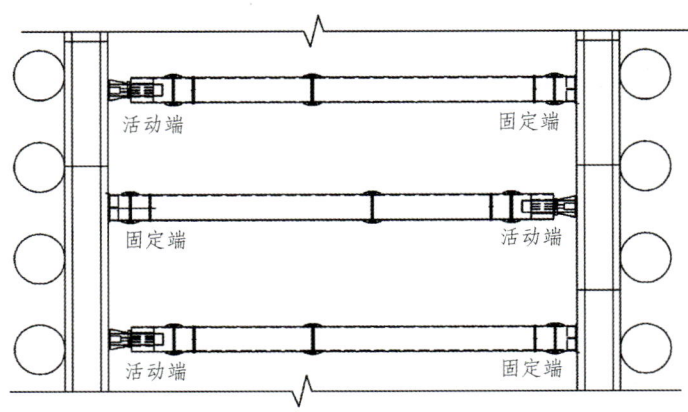

图 2-5 钢支撑平面布置

钢支撑架设作业面采用钢丝绳设置生命线,第一道钢支撑处设置在冠梁上部挡墙上,以下生命线设置在钢围檩上 1.5 m 处,生命线间隔 8~12 m,与挡墙或围护桩连接牢固,如图 2-6 所示。

钢支撑架设必须设置防坠落措施,两端采用钢丝绳系挂,固定在冠梁预埋筋或预埋螺栓上,如图 2-7 所示。

图 2-6 生命线

图 2-7 钢支撑防坠措施

深基坑施工人员上下通道使用梯笼，通道净宽不小于1 m，悬挂安全警示标志、安全标语等；防护栏杆、梯笼必须自上而下用安全立网封闭，在栏杆下边设置严密固定且大于18 cm的挡脚板；安装基础铺设混凝土垫层或钢板，平整稳固；梯笼上中下部适当位置与建筑结构可靠连接，不得与钢支撑等不稳固物件连接，如图2-8所示。

图2-8 人员上下通道

## 2. 放坡

施工前应核验基坑位置及开挖尺寸线，施工过程中应经常检查平面位置、坑底标高、坑壁坡度、排水及降水系统，并应随时观测周围的环境变化。

土方开挖必须遵循自上而下的开挖顺序，分层、分段按设计的工况进行，单层开挖厚度不得大于2 m。机械挖土时，坑底以上200～300 mm的土方应采用人工修底的方法挖除，放坡开挖的基坑边坡应采用人工修坡方法挖除，严禁超挖。基坑开挖至坑底标高应及时进行垫层施工，垫层应浇筑到基坑围护墙边或放坡开挖的基坑坡脚。

在距离坑顶边线2 m范围内及坡面上，严禁堆放弃土及建筑材料等；2 m以外堆土时，堆置高度不应大于1.5 m；重型机械在坑边作业宜设置专门平台或深基础；土方运输车辆应在设计安全防护距离范围外行驶。配合机械作业的清底、平整、修坡等人员，应在机械回转半径以外工作；当需在回转半径以内工作时，应停止机械回转并制动后，方可作业。

分级放坡，在上一级基坑坡面处理完成之前，严禁下一级基坑坡面土方开挖。护坡面层宜扩展至坡顶和坡脚一定距离，坡顶可与施工道路相连，坡脚可与垫层相连。

开挖深度满足喷锚支护作业高度时，应及时喷护，边坡喷锚标准做法及常见隐患如图2-9所示。

（a）

（b）

图2-9 边坡喷锚标准做法及常见隐患

## 2.3.2 地下水控制

基坑在开挖过程中受到周围土体、地表荷载和坑底承压水的浮托力等各种荷载的作用，往往会产生一定的变形和位移，当位移和变形超过基坑支护的承受能力时，基坑就会产生破坏。调查表明，城市中的工程事故多是地下水处理不当造成的。

### 1. 集水明排

明排有基坑内排水和基坑外地面排水两种情况。明排适用于收集和排除地表雨水、生活废水以及填土、黏土、粉土、砂土、砂泥岩等岩土体内水量有限的上层滞水、潜水，并且岩土层不会发生渗透破坏的情况。

### 2. 基坑外排水

在基坑冠梁顶部设置挡水墙封闭基坑，防止地表水倒灌基坑，挡水墙外侧地面硬化处理，根据现场实际情况在外侧沿基坑四周设置排水沟，用于收集降雨形成的基坑外地表水，如图2-10所示。根据现场实际情况设置沉淀池，排水沟内积水经过沉淀池沉淀后，排入市政排污管网。

图2-10 基坑外排水沟

### 3. 基坑内集水明排

(1) 降雨时，纵坡面采用土工塑料膜覆盖，雨水由坡面汇集至坡脚处集水井内，然后用水泵抽排至地面沉淀池内。

(2) 基坑分段开挖至基底后，基底暴露面用土工塑料膜覆盖的方法封闭。视地下水和基坑侧壁渗漏情况，每段基坑内宜设置一道盲沟，在较低的端部设置集水井，用水泵排抽至地面排水系统，如图2-11所示。

图 2-11 基坑内设置集水坑

### 4. 降水

井点降水包括轻型井点、喷射井点、管井井点、电渗井点等多种形式，如图2-12、2-13、2-14、2-15所示。其中，管井井点降水适用于粉土、砂土、碎石土等高渗透性含水层，地下水以丰富的潜水和承压水形式存在以及降水深度较大的情况，在成都应用广泛。其他方式适用于水量不大、降深较小的一般情况。

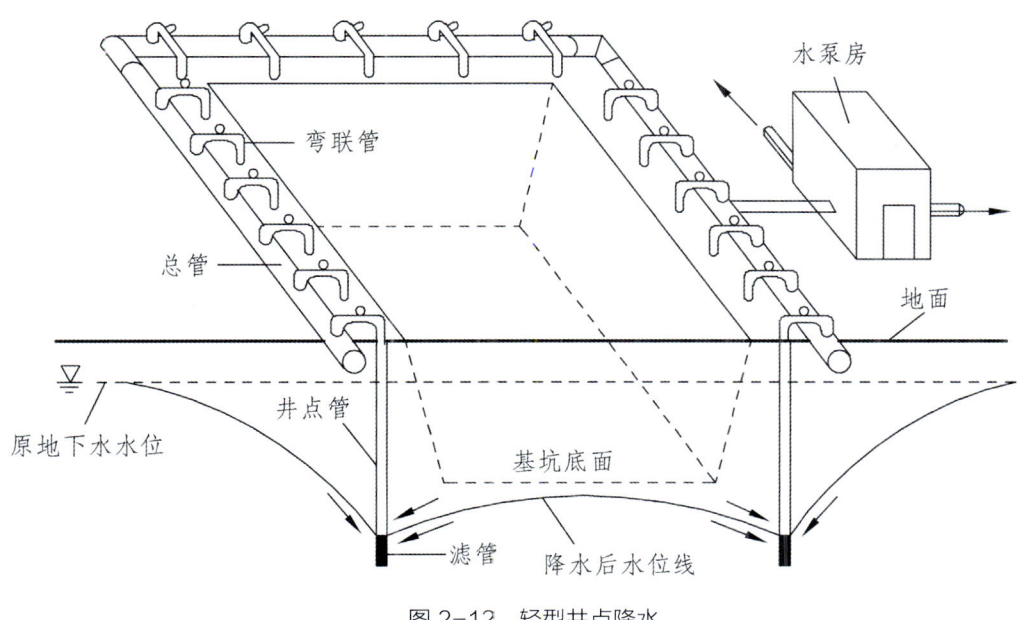

图 2-12 轻型井点降水

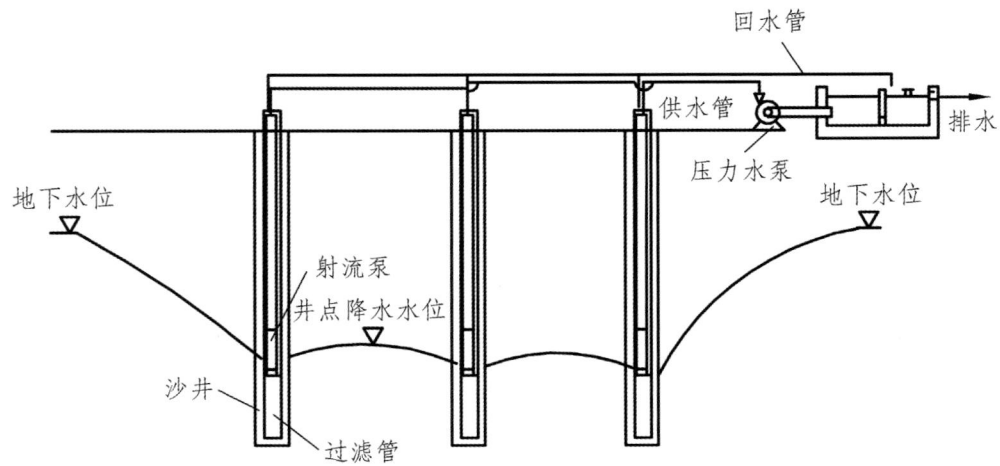

图 2-13 喷射井点降水

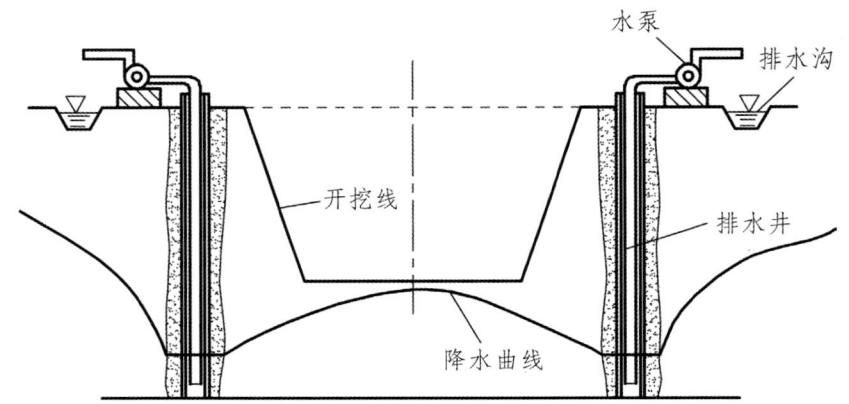

图 2-14 管井井点降水

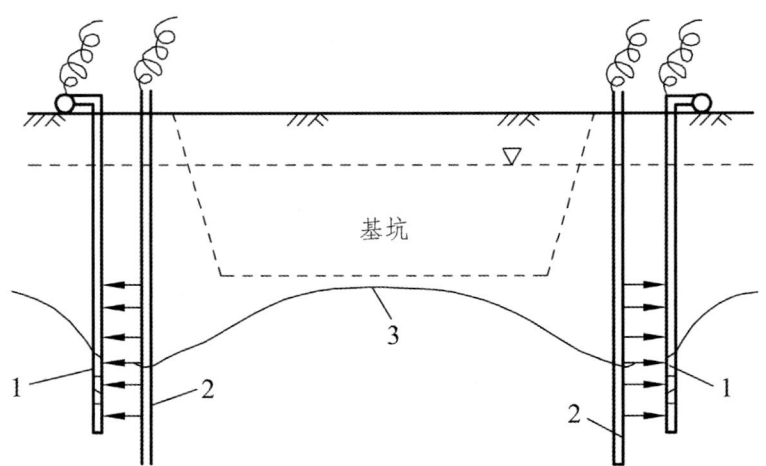

1—井点管；2—金属棒；3—地下水降落曲线。
图 2-15 电渗井点降水

### 2.3.3 基坑监测

**1. 基坑监测的目的**

（1）通过基坑监测，掌握施工期间基坑、支护结构与周边环境的动态变化，明确施工对基坑、支护结构和周边环境的影响程度以及可能产生安全事故的薄弱环节，验证基坑开挖方案和环境保护方案的合理性，预测基坑及邻近建筑物的变形发展趋势，及时对其安全性做出评估，同时综合各种信息进行预警和报警，使有关各方有时间及时做出反应，防止安全事故的发生。

（2）对监测成果结合施工、地质情况进行充分、深入的理论分析；发挥优化设计和及时反馈指导施工的作用（而不是仅仅满足于收集资料和提交简报），对可能出现的各种突发情况提出建议措施。

**2. 基坑监测等级**

基坑工程监测等级要结合基坑自身风险等级（见表2-2）和周边环境风险等级（见表2-3）来确定，工程监测等级可按表2-4进行划分。

表2-2 基坑工程的自身风险等级

| 工程自身风险等级 | | 等级划分标准 |
| --- | --- | --- |
| 基坑工程 | 一级 | 设计深度大于或等于20 m的基坑 |
| | 二级 | 设计深度大于或等于10 m的基坑且小于20 m的基坑 |
| | 三级 | 设计深度小于10 m的基坑 |

表2-3 周边环境风险等级

| 周边环境风险等级 | 等级划分标准 |
| --- | --- |
| 一级 | 主要影响区内存在既有轨道交通设施、重要建（构）筑物、重要桥梁与隧道、河流或湖泊 |
| 二级 | 主要影响区内存在一般建（构）筑物、一般桥梁与隧道、高速公路或重要地下管线；<br>次要影响区内存在既有轨道交通设施、重要建（构）筑物、重要桥梁与隧道、河流或湖泊 |

续 表

| 周边环境风险等级 | 等级划分标准 |
|---|---|
| 三级 | 主要影响区内存在城市重要道路、一般地下管线或一般市政设施；次要影响区内存在一般建（构）筑物、一般桥梁与隧道、高速公路或重要地下管线 |
| 四级 | 次要影响区内存在城市重要道路、一般地下管线或一般市政设施 |

表 2-4  工程监测等级

| 工程自身风险等级 | 周边环境风险等级 | | | |
|---|---|---|---|---|
| | 一级 | 二级 | 三级 | 四级 |
| 一级 | 一级 | 一级 | 一级 | 一级 |
| 二级 | 一级 | 二级 | 二级 | 二级 |
| 三级 | 一级 | 二级 | 三级 | 三级 |

### 3. 基坑监测影响范围

工程影响分区应根据基坑施工对周围岩土体扰动和周边环境影响的程度及范围划分，可分为主要、次要和可能三个工程影响分区，分区宜按表2-5的规定进行划分。

表 2-5  基坑影响分区

| 基坑工程影响区 | 范围 |
|---|---|
| 主要影响区（Ⅰ） | 基坑周边 $0.7H$ 或 $H \cdot \tan(45° - \varphi/2)$ |
| 次要影响区（Ⅱ） | 基坑周边 $0.7H \sim (2.0 \sim 3.0)H$ 或 $H \cdot \tan(45° - \varphi/2) \sim (2.0 \sim 3.0)H$ |
| 可能影响区（Ⅲ） | 基坑周边 $(2.0 \sim 3.0)H$ |

注：1. $H$—基坑设计深度（m），$\varphi$—岩土体内摩擦角（°）；
    2. 基坑开挖范围内存在基岩时，$H$可为覆盖土层和基岩强风化层厚度之和；
    3. 工程影响分区的划分界限取表中$0.7H$或$H \cdot \tan(45° - \varphi/2)$的较大值。

### 4. 基坑监测内容

基坑监测位置的选取、监测点的设置将由监测单位负责完成，监测单位根据工程的实际状况编制专项深基坑监测方案并由监理单位、第三方监测、业主审批后再行实施。

根据基坑的施工方法、周边环境情况及地质条件等，在基坑施工期间进行的施工监测项目主要有：地表沉降，地下管线、周围建筑物变形，支护结构位移，支撑轴力，地下水位等。

（1）地表监测点布设如图2-16所示。

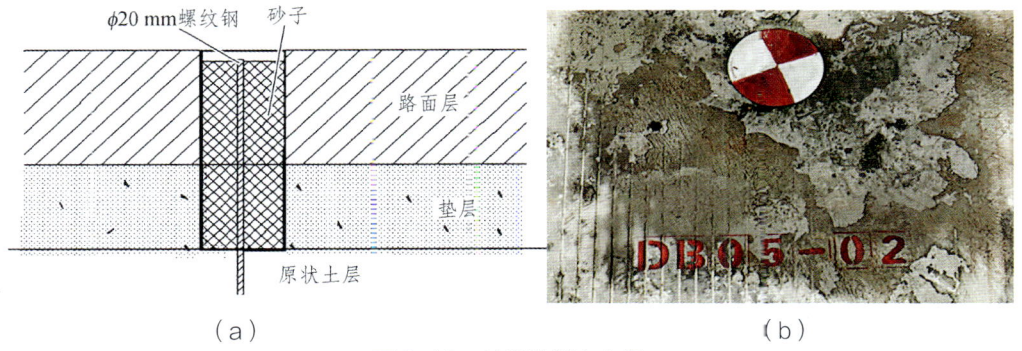

图2-16 地表监测点布设

（2）管线沉降监测点布设如图2-17所示。

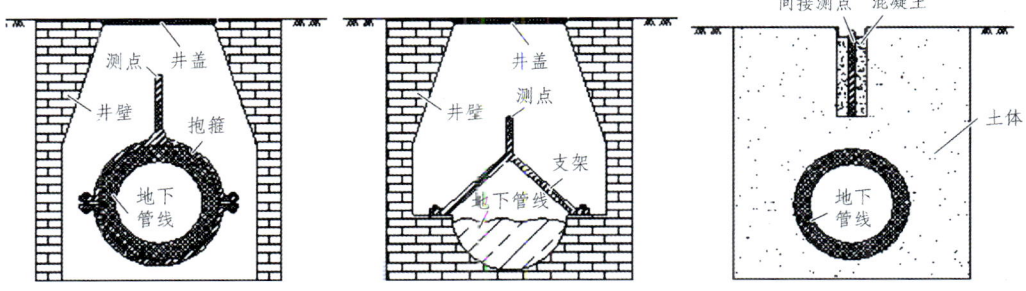

（a）封闭管道沉降监测点埋设　（b）开放管道沉降监测点埋设　（c）无检修井管道沉降监测点埋设
图2-17 管线沉降监测点布置

（3）建（构）筑物沉降监测点布设如图2-18所示。

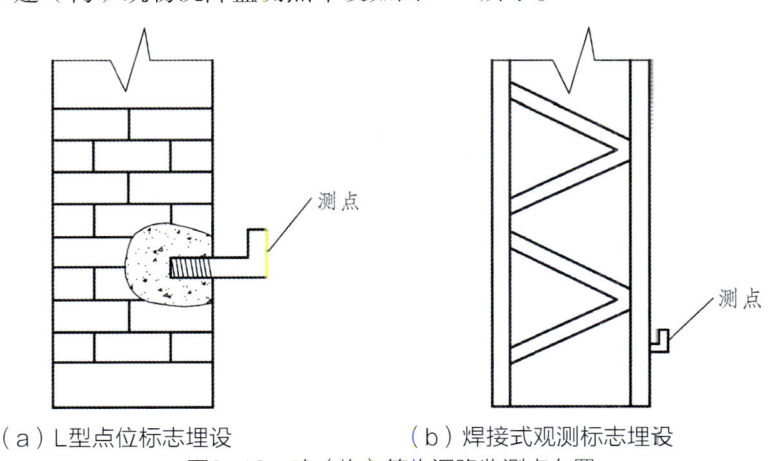

（a）L型点位标志埋设　　　（b）焊接式观测标志埋设
图2-18 建（构）筑物沉降监测点布置

（4）支护桩顶水平位移及竖向位移监测点布设如图2-19所示。

（a）

（b）

图2-19　支护桩顶水平位移及竖向位移监测点布设及监测

（5）桩体水平位移监测测斜管布设如图2-20所示。

（a）

（b）

图2-20　桩体水平位移监测测斜管布设

（6）钢支撑轴力计安装位置如图2-21所示。

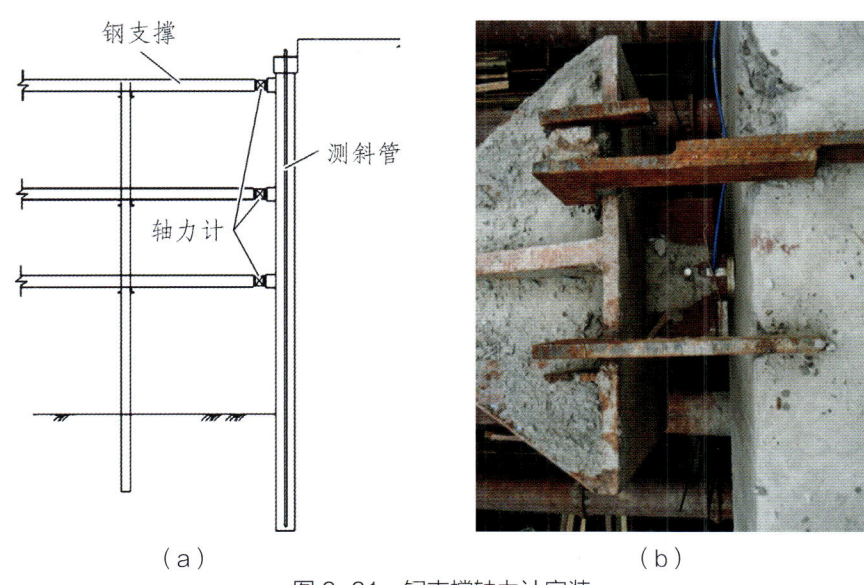

(a)　　　　　　　　　　　(b)

图 2-21　钢支撑轴力计安装

### 5. 监测频率（见表2-6）

表 2-6　基坑监测频率

| 施工工况 | | 基坑设计深度 /m | | | | |
|---|---|---|---|---|---|---|
| | | ≤ 5 | 5~10 | 10~15 | 15~20 | >20 |
| 基坑开挖深度 /m | ≤ 5 | 1 次 /d | 1 次 /2d | 1 次 /3d | 1 次 /3d | 1 次 /3d |
| | 5~10 | — | 1 次 /1d | 1 次 /2d | 1 次 /2d | 1 次 /2d |
| | 10~15 | — | — | 1 次 /1d | 1 次 /1d | 1 次 /2d |
| | 15~20 | — | — | — | 1~2 次 /1d | 1~2 次 /1d |
| | > 20 | — | — | — | — | 2 次 /1d |

注：1. 基坑工程开挖前的监测频率应根据工程实际需要确定；
　　2. 底板浇筑后可根据监测数据变化情况调整监测频率；
　　3. 支撑结构拆除过程中及拆除完成后3d内监测频率应适当增加。

### 6. 监测预警控制值

在工程监测中，每一监测对象的位移都有其允许的范围，并以此来判断工程施工是否安全可靠，是否需要调整施工工序或优化原设计方案。因此，监测项目警戒值的确定至关重要。每个警戒值应由两部分控制，即总允许变化量和单位时间内允许变化量。根据相关规范和实践经验，对监测项目的警戒值确定如下：

基坑边坡顶面及桩墙顶水平位移：支护结构水平总量位移不大于50 mm，位移速率不大于3 mm/d（连续3天），邻近建筑物垂直总量位移不大于30 mm，位移速率不大于3 mm/d（连续3天）。

达到警戒值时，须24 h跟踪监测，并及时反馈监测结果，并根据预警等级采取相应措施。

### 7. 监测预警等级及处置

基坑监测执行黄橙红三级预警，具体预警级别划分及处置见表2-7。

表2-7 监测三级预警划分及处置

| 警情等级 | 状态描述 | 报送范围 | 报送时限 | 报送方式 | 处置 | 监测频率 | 备注 |
|---|---|---|---|---|---|---|---|
| 黄色预警 | 1. 实测累计值达到控制指标的2/3且变化速率达到控制值。2. 监测工程师判断伴有"危险情况"（见备注）出现，将进行黄色预警 | 1. 项目部（含指挥部安全质量主管负责人）、监理。2. 建设单位工程主管部门正副部长、现场代表。3. 建设单位安全质量部正副部长、安全管理人员、监测主管人员 | 2小时内 | 短信 | 监理组织各方分析、处置 | 4次/1d | 险情情况：（1）监测数据达到预警值的累计值。（2）基坑支护结构或锚杆体系出现较大的变形、压曲、断裂、松弛或拔出迹象。（3）建筑物出现新裂缝或者所监测的裂缝有发展趋势或者建筑物不均匀沉降达到规范或图纸要求的数值。（4）监测单位应根据实际情况及时对监测数据和巡视结果进行综合分析，当发现有其他危险情况时，也应及时预警。 |

续　表

| 警情等级 | 状态描述 | 报送范围 | 报送时限 | 报送方式 | 处置 | 监测频率 | 备注 |
|---|---|---|---|---|---|---|---|
| 橙色预警 | 1．变化速率连续两次达到控制值，第二次进行橙色预警。2．实测累计值达到控制值且变化速率达到控制值2/3进行橙色预警。3．监测工程师判断伴有"危险情况"（见备注）出现，将进行橙色预警 | 1．项目部（含指挥部安全质量主管负责人）、监理、设计。2．建设单位工程主管部门正副部长、现场代表。3．建设单位安全质量部正副部长、安全管理人员、监测主管人员。4．建设单位副总经理 | 1小时为 | 电话＋短信 | 建设单位工程主管部门部长组织现场分析、处置 | 6次/1d | 突发安全隐患：（1）监测数据突然达到红色预警值，并有继续发展下去的趋势。（2）基坑支护结构或者周边土体的位移值突然明显增大或基坑出现流沙、管涌、隆起、陷落或者较严重的渗漏等现象。（3）周边建筑的结构部分或者周边出现较严重的突发裂缝或危害结构的变形裂缝。（4）周边管线监测数据突然明显增长或者出现裂缝、泄漏等。（5）建筑物监测数据突然明显增长或者出现裂缝。（6）根据当地工程师经验判断，出现其他必须进行突发安全隐患预警的情况 |
| 红色预警 | 实测累计值和变化速率均达到控制值，并监测工程师判断伴有"危险情况"（见备注）出现 | 1．项目部（含指挥部安全质量主管负责人）、监理、设计。2．建设单位工程主管部门正副部长、现场代表。3．建设单位安全质量部正副部长、安全管理人员、监测主管人员。4．建设单位总经理、副总经理 | 即刻 | 电话＋短信 | 建设单位分管生产副总经理组织现场分析、处置 | 不间断 | |

# 第三章 主体结构高大模板支撑体系施工安全管理

## 3.1 概述

地铁的站房或明挖法区间隧道主体结构施工均具有层高高、板面厚、梁大等特点，施工过程支撑体系多为高大模板支撑体系（常见的有钢管扣件式支撑体系和碗扣式支撑体系），易导致架体坍塌、高处坠落、物体打击等事件事故。因此，应加强施工过程管控，严把关键环节验收，合格后方可进入下道工序施工。

## 3.2 管控重点及措施（见表3-1）

表3-1 高大模板支撑体系施工安全管控重点及措施

| 序号 | 管控重点 | 管控措施 |
|---|---|---|
| 1 | 地基处理 | 施工前应严格按照方案对地基进行处理，确保地基承载力满足施工要求，场地平整且排水设施到位 |
| 2 | 架料管控 | 架料进场前应对架料材质报告及外观进行验收，确保架料管径及壁厚符合方案要求，无严重锈蚀、开裂、变形等情况 |
| 3 | 架体搭设 | 架体搭设严格按方案施工，分阶段（第一步搭设完毕、模板铺设前、混凝土浇筑前）进行验收，验收合格后方可进入下道工序施工 |
| 4 | 混凝土浇筑 | 混凝土浇筑顺序严格按照方案实施，浇筑过程安排专人对架体进行监测，发现异常及时处理加固 |
| 5 | 架体拆除 | 混凝土强度达到设计与规范要求并办理拆模申请后方可进行架体拆除，拆除过程严格遵循"先搭后拆，后搭先拆"的原则 |
| 6 | 防护设施 | 架体搭拆过程中确保作业人员按规定系挂安全带，模板铺设前在顶步满挂水平兜网，施工过程中需按规定搭设外架并应设置人员上下通道及逃生通道，设置材料堆放平台，板面及时搭设临边防护 |

## 3.3 标准化做法及常见隐患

### 3.3.1 支撑体系搭设

（1）模板支撑必须严格按照高支模施工方案施工。

（2）立杆基础应牢固，并按设计计算严格控制模板支撑系统的沉降量，图3-1（a）为基础硬化平整牢固，图3-1（b）为基础下沉悬空。

（a）标准：基础硬化平整牢固　　　　（b）隐患：基础下沉悬空

图3-1　立杆基础应牢固

（3）扫地杆设置。

①扣件式：纵向扫地杆应采用直角扣件固定在距钢管底端不大于200 mm处的立杆上。横向扫地杆应采用直角扣件固定在紧靠纵向扫地杆下方的立杆上，如图3-2所示。

②碗扣式：在立杆的底部碗扣处应设置一道纵向水平杆、横向水平杆作为扫地杆，扫地杆距离地面高度不应超过400 mm，应与相邻立杆连接牢固。

图3-2　纵、横向扫地杆布设

③脚手架立杆基础不在同一高度上时，必须将高处的纵向扫地杆向低处延长两跨与立杆固定，高低差不应大于1 m。靠边坡上方的立杆轴线到边坡的距离不应小于500 mm，如图3-3所示。

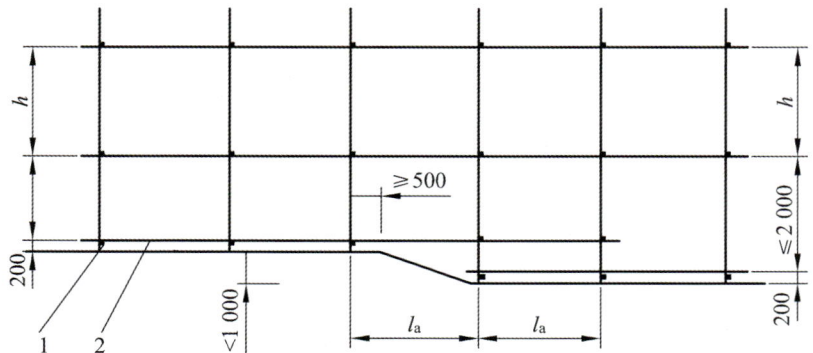

1—横向扫地杆；2—纵向扫地杆。
图3-3 高低跨处纵、横向扫地杆布设

（4）剪刀撑设置。

满堂支撑架应在架体外侧周边及内部纵、横向每5~8 m设置由底至顶的连续竖向剪刀撑，剪刀撑杆件的底端应与地面顶紧。当架体搭设高度在8 m以下时，应在架顶部设置连续水平剪刀撑；当架体搭设高度在8 m及以上，或施工总荷载大于15 kN/㎡，或集中线荷载大于20 kN/m时，应在架体底部、顶部及竖向间隔不超过8 m分别设置连续水平剪刀撑，水平剪刀撑宜设置在竖向剪刀撑顶部交点平面。剪刀撑宽度应为5~8 m，竖向剪刀撑与地面的夹角应为45°~60°，水平剪刀撑与支架纵（或横）向夹角应为45°~60°。图3-4（a）为及时按标准搭设的剪刀撑，图3-4（b）为剪刀撑搭设滞后。

（a）标准：及时按标准搭设剪刀撑　　　（b）隐患：剪刀撑搭设滞后
图3-4 剪刀撑布设

（5）钢管扣件式支撑架立杆顶端可调托撑伸出顶层水平杆的悬臂长度不应超过600 mm，碗扣式支撑架立杆顶端可调托撑伸出顶层水平杆的悬臂长度不应超过650 mm。可调托撑和可调底座螺杆插入立杆的长度不得小于150 mm，伸出立杆的长度不宜大于300 mm，安装时其螺杆应与立杆钢管上下同心，且螺杆外径与立杆钢管内径的间隙不应大于3 mm，如图3-5所示。图3-6为自由端长度过长。

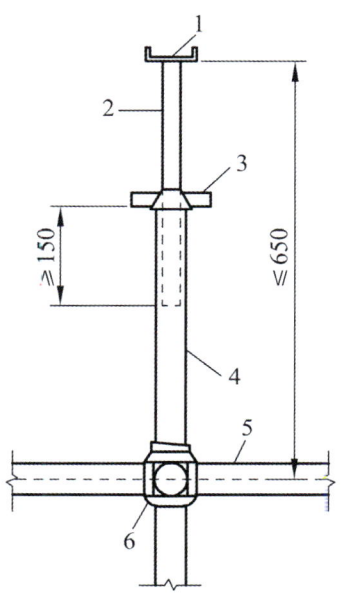

1—托座；2—螺杆；3—调节螺母；4—立杆；5—顶层水平杆；6—碗扣节点。
图3-5 立杆顶端可调托撑伸出顶层水平杆的悬臂长度

图3-6 隐患：自由端长度过长

（6）安装梁及板底模板及木枋前，确保梁及板底支架水平杆已搭设，如图3-7所示。

图3-7 顶层纵横向水平杆搭设到位

（7）安装外围柱模板，梁、板模板，应先搭设外立面防护脚手架，如图3-8所示。

立杆应分布均匀，一般为1 500 mm，大横杆应保持水平，一般为1 800 mm，每步脚手架应设置拦腰杆，一般为600 mm和1 200 mm高；在立杆下部150 mm处设置纵横向扫地杆，纵向扫地杆在上，横向扫地杆在下，均与立杆相连；每道剪刀撑应跨越5~7根立杆，与地面夹角为45°~60°，杆件接长采用搭接，剪刀撑的两根斜杆均与立杆或相近的小横杆相连；作业层必须满铺钢脚手板，如图3-9所示；外侧满挂密目安全网，网体竖向连接时采取用网眼连接方式，每个网眼应用16号铁丝与钢管固定；网体横向连接时采取搭接方式，搭接长度不得小于200 mm；脚手架搭设高度要高出施工作业面至少1.2 m。

图3-8 外立面防护脚手架整体效果

图3-9 作业层满铺跳板

（8）交叉支撑、水平加固杆（见图3-10）、剪刀撑不得随意拆卸，因施工需要临时局部拆卸时，施工完毕后应立即恢复。

图3-10 水平加固杆

（9）纵横向水平杆靠墙柱边部分应该顶住墙柱，提高支撑的整体性，如图3-11所示。

（10）模板作业时，指定专人指挥、监护；出现位移时，必须立即停止施工，将作业人员撤离作业现场，待险情排除后，方可作业。

（11）挂牌验收。

图3-11　水平杆与墙顶紧

架体搭设应严格按方案施工，并分三个阶段（第一步搭设完毕、模板铺设前、混凝土浇筑前）进行验收，验收挂牌后方可进入下道工序施工，验收流程如图3-12所示，验收挂牌如图3-13所示。

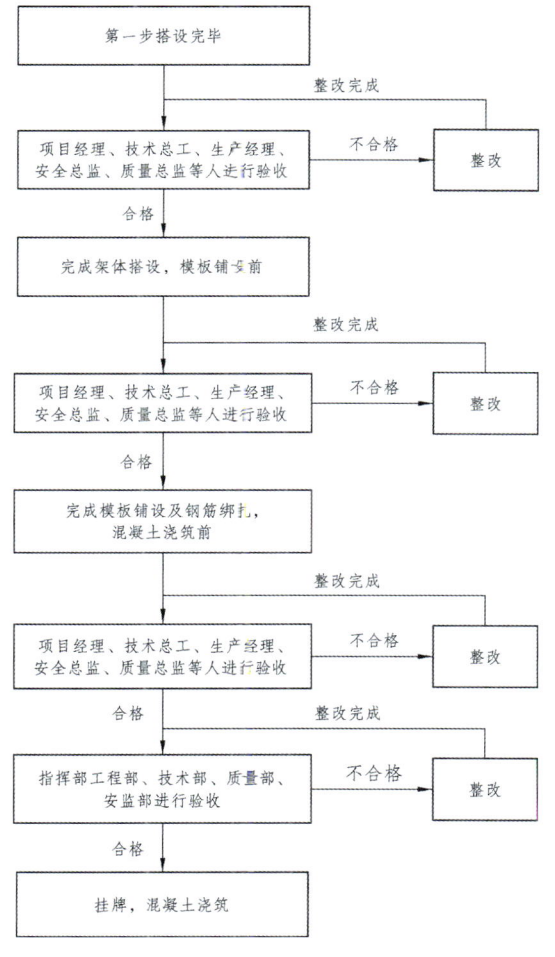

图3-12　验收流程

 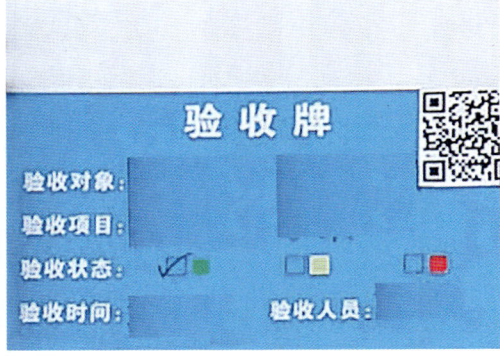

(a)　　　　　　　　　　　　　　(b)

图3-13　验收挂牌

### 3.3.2　高支模拆除的安全要求

（1）高支模拆除应符合现行国家标准《混凝土结构工程施工质量验收规范》（GB 50204）、《混凝土结构工程施工规范》（GB 50666）中混凝土强度的规定，当设计无具体要求时，同条件养护试件的混凝土抗压强度应符合表3-2的规定，并且拆除前应填写拆模申请表（见表3-3），高支模拆除流程如图3-14所示。

表3-2　模板拆除时的混凝土强度要求

| 构件类型 | 结构跨度/m | 按达到设计混凝土强度等级值的百分率计/% |
| --- | --- | --- |
| 板 | ≤2 | ≥50 |
| | >2，≤8 | ≥75 |
| | >8 | ≥100 |
| 梁、拱、壳 | ≤8 | ≥75 |
| | >8 | ≥100 |
| 悬臂结构 | — | ≥100 |
| 预应力结构 | — | 结构构件建立预应力后 |
| 后浇带结构 | — | 后浇带浇筑后并达到100 |

表 3-3 拆模申请

工程名称：　　　　　　　　　　　　　　　　　　　　　　　　序号：

| 拆除班组 | | 拆除部位 | |
|---|---|---|---|
| 混凝土浇捣日期 | | 年　　月　　日 | |
| 混凝土强度要求 | % | | |
| 申请人 | | 日期 | 年　月　日 |
| 同条件养护试件强度 | | 试验员 | |
| 质量总监 | 审批意见： | | |
| 安全总监 | 审批意见： | | |
| 生产经理 | 审批意见： | | |
| 技术负责人 | | 项目经理 | |
| 监理工程师 | 审批意见： | | |

（2）模板拆除的顺序和方法，应遵循先支后拆，后支先拆；先拆不承重的模板，后拆承重部分的模板；自上而下，先拆侧向支撑，后拆竖向支撑等原则。

（3）架体的拆除顺序、工艺应符合专项施工方案的要求。当专项施工方案无明确规定时，应符合下列规定：

①应先拆除后搭设的部分，后拆除先搭设的部分。

②架体拆除必须自上而下逐层进行，严禁上下层同时拆除作业，分段拆除的高度不应大于两层。

③梁下架体的拆除，宜从跨中开始，对称地向两端拆除；悬臂构件下架体的拆除，宜从悬臂端向固定端拆除。

④在后浇带一跨处的内脚手架，在后浇带混凝土浇筑、混凝土强度达到设计值以前，支撑严禁拆除。

⑤拆除过程中要先拆横杆，然后拆除立杆及剪刀撑。

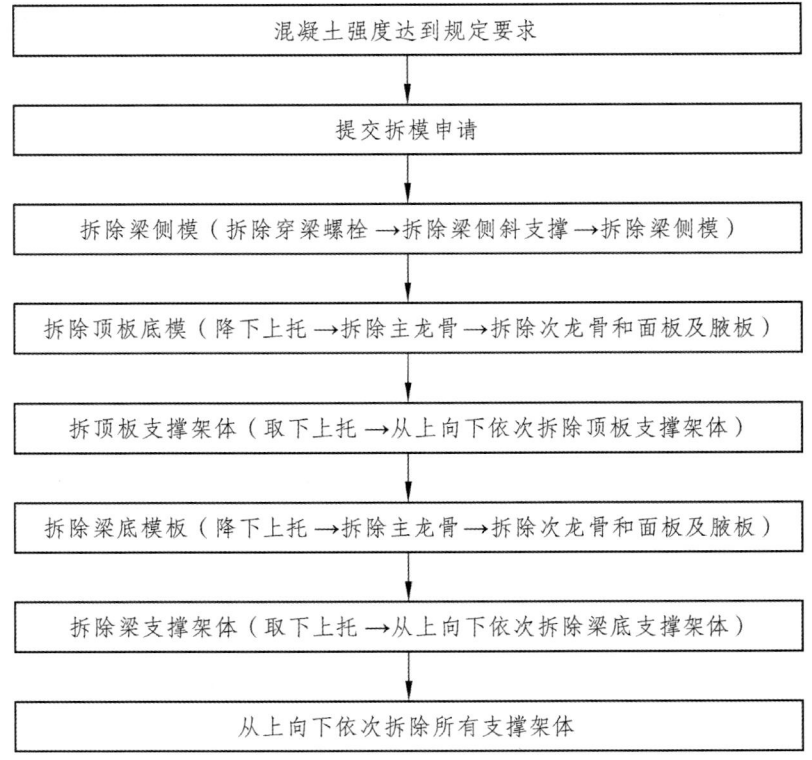

图3-14 高支模拆除流程

# 第四章 矿山法暗挖隧道施工安全管理

## 4.1 概述

矿山法是一种传统的暗挖施工方法。它的基本原理是，隧道开挖后受爆破影响，造成岩体破裂形成松弛状态，形成岩土塌落。地铁隧道，因地下障碍物和周围环境限制且在岩层条件较好的地段常采用矿山法暗挖施工。

## 4.2 矿山法暗挖隧道施工管控重点及措施

地铁建设中的暗挖隧道大多数埋深较浅，地面建筑复杂，交通设施和地下管线多，同时暗挖施工工序较多，易出现坍塌、涌水、触电、中毒等多种安全事故。因此暗挖隧道施工要严格按照"管超前、严注浆、短开挖、强支护、快封闭、勤量测"的十八字方针，重点做好超前地质预报、隧道开挖、初期支护、二衬以及监控测量。矿山法暗挖隧道施工安全管控重点及措施见表4-1。

表 4-1 矿山法暗挖隧道施工安全管控重点及措施

| 管控重点 | | 管控措施 |
|---|---|---|
| 超前地质预报 | | 隧道通长超前地质钻探，每循环按照设计要求进行搭接，钻孔个数、深度、直径满足设计要求。加深炮孔记录由现场当班技术员记录并存档备查 |
| 超前支护 | | 按设计要求施工超前大管棚与超前小导管 |
| 隧道开挖 | | 仰拱开挖每循环进尺不得大于设计要求 |
| | | 中下台阶施工时左右侧错开，上台阶拱架拱脚左右侧不得同时悬空 |
| | | 爆破后必须通风 15 min 以上（瓦斯隧道通风 30 min），方准许安全员和班组长（瓦斯隧道增加瓦检员 1 人）进入爆破作业地点进行排危及气体检查；在检查人员确认安全后其他人员才可进入爆破区作业 |
| 初期支护 | | 按设计要求施工锚杆、锁脚锚杆、型钢或钢筋格栅等工序 |
| | | 钢架连接螺栓必须上齐拧紧；钢架连接脚板缝隙使用钢筋填充并焊接牢固 |
| | | 钢架纵向连接筋采用"八"字型布置并与钢架翼板焊接牢固，格栅钢架纵向连接筋采用一字型布置，与格栅钢架连接牢固，纵向连接筋搭接长度满足设计要求 |
| | | 锁脚锚管（杆）打设角度控制在 45°~50°，使用 L 形钢筋与钢架焊接牢固，且管内注浆或采用锚固剂填充密实 |
| | | 喷射混凝土喷射密实，钢架背后不允许有空洞并按设计要求预埋初期支护背后回填注浆管，防水施工前进行注浆施工并做好注浆记录备查 |
| 二衬 | 二衬台车 | 二衬台车施工前必须编制专项施工方案，并组织专家论证 |
| | 衬砌施工 | 灌注混凝土时应规范施工，先灌注边墙基础混凝土，再逐步分别交叉灌注至拱部混凝土。衬砌工作台上应搭设不低于 1 m 的栏杆，跳板设防滑条，上下梯子应安装牢固。工作台、跳板、脚手架的承载重量，不得超过设计要求。在 2 m 以上高处工作时，应按高处作业的有关规定组织施工 |
| | 洞内运输 | 各种运输设备不得人料混装。装载料具时，不得超出装载界限。运输车辆和运输机械在二衬地段必须限制速度 5 km/h 行驶，经过台车下面有限界标志的地方要缓慢行驶。洞内应安排专人指挥交通 |
| 监控量测 | | 监控量测点的布设要求：根据各洞开挖方式、围岩类型、断面类型等，设计图纸要求布设量测点，沉降观测与收敛观测均采用无尺量测。所有量测点都必须埋在围岩内，不得直接焊接在拱架上 |
| | | 建立监控量测管理台账和周报、月报分析制度，总结监控量测数据的变化规律，对施工安全进行评价，逐级上报阶段分析报告 |

续 表

| 管控重点 | 管控措施 | |
|---|---|---|
| 爆破管理 | 存放 | 雷管和炸药要按其性质分类专库存放，设置专人管理。临时存放点必须满足地方政府要求。出入库收存、发放应按制度进行登记、签字。库区内严禁吸烟、用火以及将火种和汽油等其他易燃、易爆物品带入三区，库区内应配备消防灭火器材设施。每个爆炸物品仓库应保证24 h有专人在岗值班、巡守 |
| | 洞内运输 | 火工品进入施工场地后，安全员旁站、爆破员开箱清点火工品数量并做好记录，清点完成后由爆破员分别将雷管和炸药人工运送至掌子面 |
| | 爆破作业 | 爆破员装药时，工区安全员全程旁站，装药完成后清点剩余火工品数量及时退库并登记造册 |
| | | 瓦斯隧道严格执行"一炮三检"，即"装药前、放炮前、放炮后认真检查放炮点20 m附近的瓦斯，瓦斯浓度超过1%时严禁装药放炮"；"三人连锁"即"放炮由放炮员、班长、瓦检员在现场实施。爆破前，放炮员将警戒牌交给班组长，由班组长派人警戒，并检查洞顶与支架情况，将自己携带的放炮命令牌交给瓦检员，瓦检员经检查瓦斯浓度合格后，将自己携带的放炮牌交给放炮员，放炮员发出爆破口哨进行爆破，爆破后三牌各归原主"制度 |
| | | 爆破完成后，进行不小于30 min的通风，通风完成后，应派专人进行排查盲炮。发现盲炮后，立即报告工区负责人，安全员设置警戒范围，严禁其他人员和设备进入警戒区，爆破员进行排查、处置。爆破作业结束后，经检查确认安全后，方可解除警戒。安排专人进行施工现场及弃渣场检查、清理，杜绝火工品流失 |

## 4.3 矿山法施工标准做法

### 4.3.1 准备阶段安全技术管理

**1. 技术准备**

（1）应依据工程具体情况识别危险源，选择合理的施工方法，编制施工组织设计，明确技术安全措施；对施工场地进行统一规划，做好临时工程和附属辅助设施。

（2）应编制危险性较大分部分项工程专项施工方案，专项施工方案应按规定组织专家论证。

（3）项目部应严格加强技术管理，做好技术交底工作和安全交底工作，并做好记录和考核。

（4）编制监控量测方案，布置监测点。

### 2. 人员准备

（1）特殊工种应经过安全培训，考试合格后方可操作，并持证上岗。

（2）项目负责人、技术人员、管理人员、操作人员都必须学习和遵守安全生产责任制，熟悉安全生产管理制度和操作规程。

（3）项目部全部作业人员必须经过安全培训，通过考核后持证进场。

（4）建立抢险专业队伍，并进行演练，如图4-1所示。

（a）

（b）

图4-1　安全教育培训及应急演练

### 3. 物资准备

（1）按施工组织设计中的物资计划组织施工物资和应急物资进场，应急物资储备如图4-2所示。

（2）各种电力设施、安全防护装置与用品，按规定进行检验和检查，不符合要求的严禁使用。

（3）施工现场按规定安装临电、通风、照明、防尘、降温和治理有害气体设备设施，保护施工人员的安全。

图4-2　应急物资储备

### 4.3.2 工作井施工

在长隧道施工时，了缩短工期，要设置竖井或斜井以增加工作面，洞壁直立的井状管道，称为竖井，与地面直接相通的倾斜巷道称为斜井，如图4-3所示。在施工组织设计中应根据设计文件、环境条件选择工作井位置（一般选择在地势较高、岩层较好的位置）。设计无要求时，应对工作井结构及其底部平面布置进行施工设计，满足施工安全的要求。这里重点讲解竖井。

（a） （b）

图4-3 斜井及竖井

**1. 工作井安全防护**

（1）井口作业区必须设置围挡，非施工人员禁止入内，并建立人员出入工作井的管理制度，不设作业平台的工作井周围必须设防护栏杆，栏杆底部不低于20 cm应采取封闭措施。

（2）工作井内必须设安全梯或梯道，工作井防护如图4-4所示。

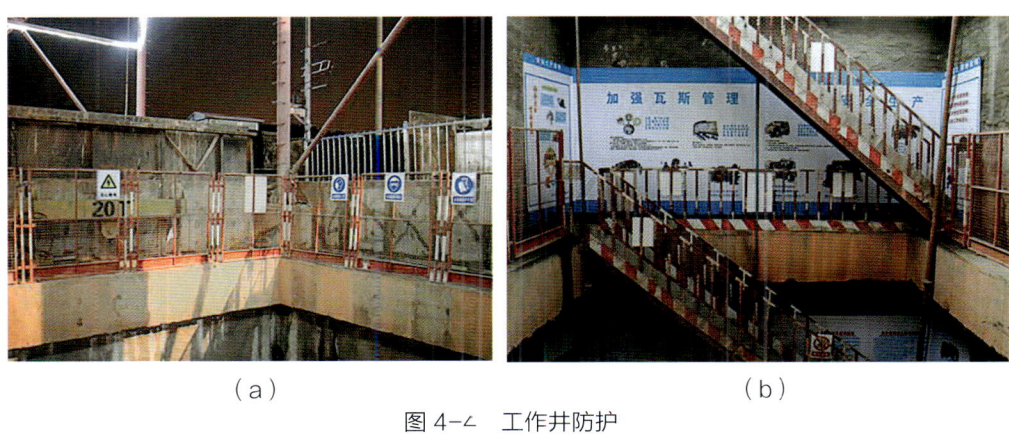

（a） （b）

图4-4 工作井防护

## 2. 工作井土方开挖

（1）采用先开挖后支护方法时，应按施工组织设计的规定，由上至下分层进行，随开挖随支护。支护结构达到规定要求后，方可开挖下一层土方，如图4-5所示。

（2）工作井开挖过程中，施工人员应随时观察井壁和支护结构的稳定状态。发现井壁土体出现裂缝、位移或支护结构出现变形等坍塌征兆时，必须停止作业，人员撤至安全地带，经处理确认安全后，方可继续作业。

图4-5　工作井土方开挖

## 3. 工作井锚喷混凝土支护

（1）安装钢筋（或型钢）拱架和挂网应与挖掘方式紧密结合，每层拱架应及时形成闭合框架结构形式，如图4-6所示。

（2）锚杆作业过程中应设专人监护支护结构的稳定状态，发现异常必须立即停止作业，人员撤至安全地带，待采取安全技术措施、确认支护结构稳定后，方可继续作业。

图4-6　工作井护壁施工

### 4. 工作井口平台、提升架及井架安装

（1）工作井口平台、提升架及井架必须按施工中最大荷载进行施工设计。提升架及井架应支搭防护棚，如图4-7所示。

（2）工作井口平台、提升架及井架支搭完成，必须经过专项检查、负荷能力检验，确认符合施工设计要求并形成文件后，方可投入使用。

（a）　　　　　　　　　　　　　（b）

图4-7　竖井及斜井提升设备

### 5. 工作井垂直运输

（1）提升设备及其索、吊具、吊运物料的容器、轨道、地锚等和各种保险装置，使用前必须按设备管理的规定进行检查和空载、满载或超载试运行，确认合格并形成文件。使用过程中每天应由专职人员检查一次，确认安全，并且记录，并应定期检测和保养。检查、检测中发现问题必须立即停机处理，处理后经试运行合格方可恢复使用。

（2）工作井运输应设专人指挥，协调井上、井下作业人员的配合关系，如图4-8所示。

图4-8　工作井垂直运输专人指挥

### 4.3.3 隧道超前地质预报

（1）超前地质预报是隧道安全的重要组成部分，施工阶段应将超前地质预报纳入施工工序进行组织管理。隧道施工超前地质预报工作流程如图4-9所示。

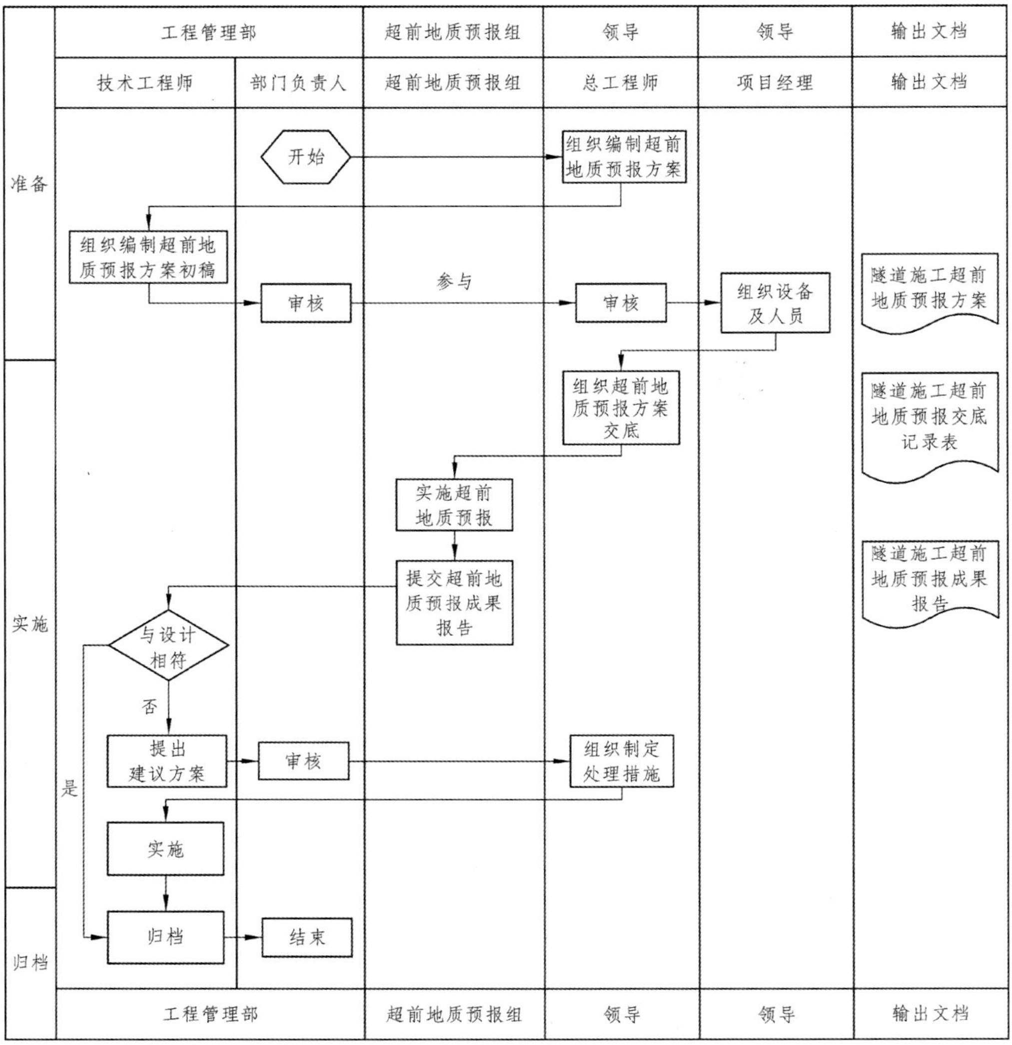

图4-9 隧道施工超前地质预报工作流程

（2）常用的地质预报措施有TRT、TSP、地质雷达、红外探水、地质素描、超前钻孔等技术手段。最主要、最实用的有地质素描、超前钻孔和加深炮孔，要求每循环打设不少于3个加深炮孔，超前地质钻探施工及地质雷达现场探测如图4-10所示。

(a) (b)

图4-10 超前地质钻探施工及地质雷达现场探测

（3）超前地质预报坚持贯穿施工全过程。

（4）地质预报结论应有书面报告，并及时交由决策部门和施工单位，对所有预报资料应存档备查。

（5）预报时效在实施过程中，应保证及时预报和反馈结果，每次预报完成后，应在24 h内报甲方、监理、设计及施工现场，先通过信息平台报送，随后报送纸质成果。对超前地质预报中发现的重大变化应立即通报施工人员。当预测可能发生突水、突泥、塌方、高瓦斯等突发灾害时，应立即通知现场人员紧急避险。在预报前方地质情况正常的情况下，亦应将预报结果及时通知决策部门和施工单位，使其安排正常施工工序，组织正常施工生产。

（6）施工过程中应将实际开挖的地质情况与预报结果进行对比分析，及时总结经验教训，以指导和改进地质预报工作。

### 4.3.4 隧道开挖

#### 1. 超前导管与管棚

围岩自稳时间小于支护完成时间的地段，应根据地质条件、开挖方式、进度要求、使用机具（械）情况，对围岩采取锚杆或小导管超前支护、小导管周边注浆等安全技术措施。当围岩整体稳定难以控制或上部有特殊要求时可采用管棚支护，如图4-11所示。

(a)　　　　　　　　　　　　　　(b)

图4-11　大管棚及超前小导管施工

## 2. 爆破设计

不同的工法，爆破设计是不同的。爆破效果的好坏主要在于掏槽的爆破效果，但周边眼间距和装药也是管控的重点，特别是上台阶开挖爆破。

掏槽爆破是决定小断面平导掘进效果的关键因素，并且掏槽形式亦取决于断面大小、岩石性质、循环进尺要求等。在小断面平导掘进过程中常用的掏槽形式主要有斜眼掏槽、直眼掏槽和混合掏槽，斜眼与直眼特点如表4-2所示。

表4-2　斜眼、直眼掏槽的优缺点

| 名称 | 斜眼掏槽 | 直眼掏槽 |
| --- | --- | --- |
| 常见形式 | 锥形掏槽、楔形掏槽、复式掏槽 | 平行龟裂掏槽、角柱掏槽、螺旋掏槽 |
| 优点 | 适用于各类岩层的爆破，掏槽效果好，槽腔体积大，能将槽腔内的岩石全部或大部分抛出，形成有效的自由面，为掘进眼爆破创造出较有利的破岩条件，槽孔的位置和倾角的精度对掏槽效果影响不大 | 炮孔深度不受断面限制，便于中深孔爆破，掏槽参数可不随炮孔深度和断面改变而改变，只需要调整装药量，多台钻平行作业，爆堆集中而有利于装岩，抛掷距离近，不易崩坏设备 |
| 缺点 | 钻孔的角度在空间上难以掌握，多台钻机施工互相干扰较大；斜孔掏槽深度受平导掘进宽度的限制；掏槽参数与平导各炮孔有关；爆堆分散，岩石抛掷距离较远 | 炮孔数目多，占用雷管段数多，装药量大、单耗高，地槽眼的间距和平行度要求较高，在有瓦斯和煤尘爆炸危险的地方使用空孔掏槽爆破存在一定的安全隐患 |

（1）楔形掏槽。

楔形掏槽爆破是由2排或以上的相对倾斜炮孔成对称楔形布置，爆破后形成一个楔形槽。有水平楔形掏槽与垂直楔形掏槽之分，常用的是水平楔形掏槽，如图4-12所示。岩质愈坚硬，成排的楔形眼愈多，一般楔形掏槽眼底间距在200~400 mm。

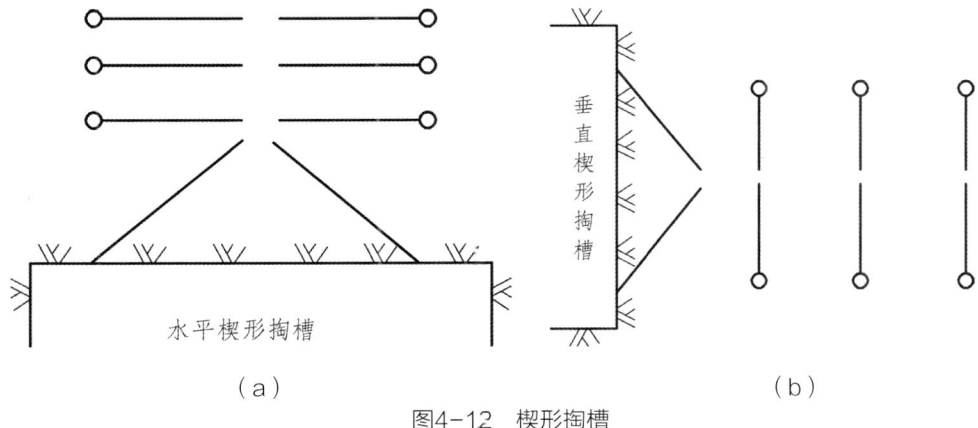

图4-12 楔形掏槽

（2）锥形掏槽。

锥形掏槽各掏槽眼以相等或近似柱等的角度向工作面中心轴倾斜。孔底趋于集中，但不能相互贯通，爆破后形成锥形槽，锥形掏槽适用于较坚硬的围岩，常用的有三角锥或四角锥形掏槽，图4-13所示为四角锥形掏槽。

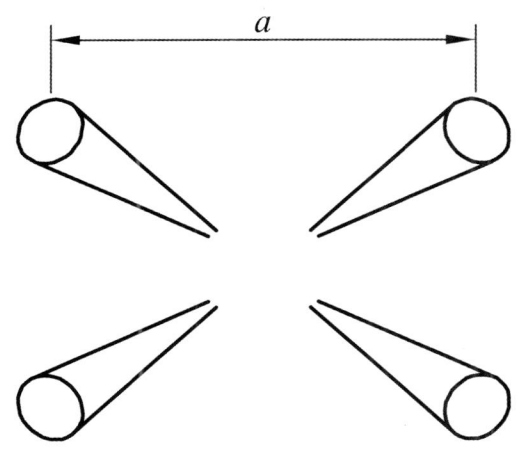

图4-13 四角锥形掏槽

（3）直眼掏槽。

直眼掏槽由若干个垂直于开挖面的炮眼所组成，掏槽深度不受围岩软硬和开挖断面大小的限制，可以实现多台钻机同时作业、深眼爆破和钻眼机械化，从而为提高掘进速度提供了有利条件。直眼掏槽形式有柱状掏槽及螺旋形掏槽。影响直眼掏槽效果的因素有：①眼距；②空眼；③装药；④辅助抛掷；⑤钻眼质量，直眼掏槽如图4-14所示。

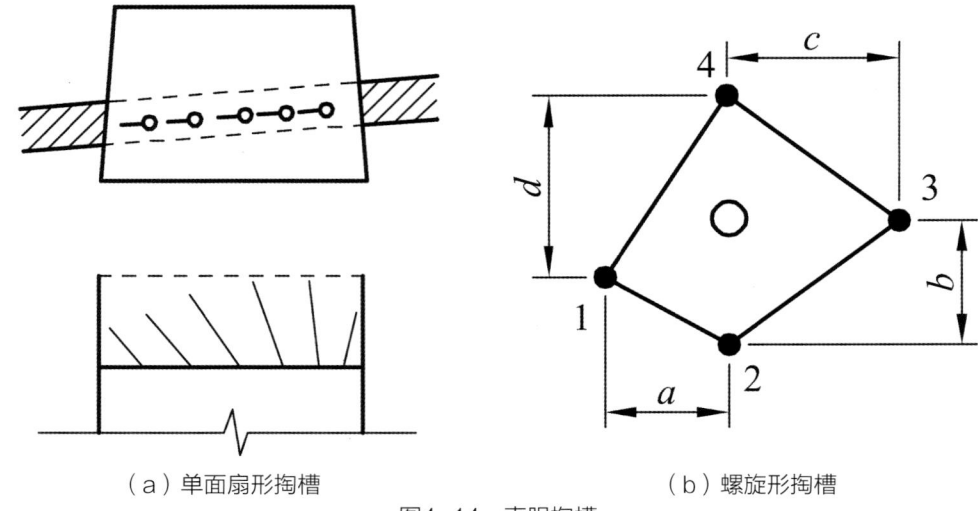

(a) 单面扇形掏槽　　　　　　　　(b) 螺旋形掏槽

图4-14　直眼掏槽

(4) 复式掏槽。

楔形掏槽关键技术在于：楔形掏槽孔的倾斜角度与岩性及隧道断面有关，一般为60°~75°，上下排距为40~60 cm；大断面隧道采用楔形掏槽时应尽量加大第一级掏槽孔之间的水平距离，眼底间距可达到40 cm（亦能保证爆破效果），如图4-15所示为三级复式楔形掏槽。

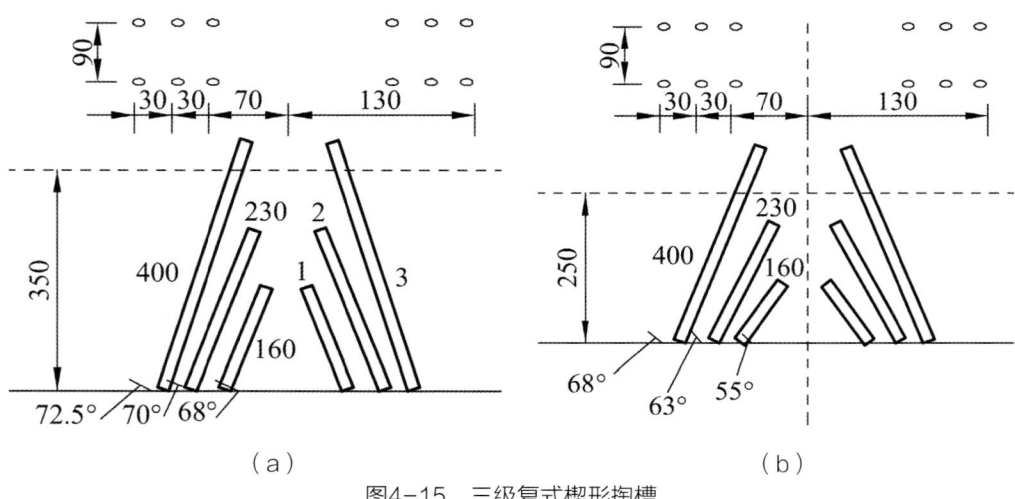

图4-15　三级复式楔形掏槽

装药采用两人相互配合，一人负责使用随时携带的刀片，把炸药分成四节，进行间隔分段均匀装药。另外一个人负责使用炮杆把药送到周边预定位置，炮杆每50 cm使用黑色胶带作标志，使用堵塞炮泥堵塞眼口，这样能提高炸药能量的利用率。堵塞炮泥时应注意避免损伤或捣断导爆索，如图4-16所示为三周边眼装药结构。

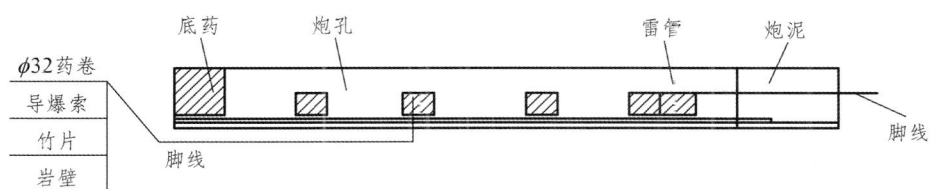

图4-16 三周边眼装药结构

## 3. 开挖

开挖采用台阶法、三台阶法（临时仰拱）、全断面法、双侧壁导坑法、CD法、CRD法等。根据围岩等级、断面大小、埋深等因素选择施工方法，常用的有台阶法、三台阶和全断面法，如洞口段围岩较差的段落，选用三台阶+临时仰拱一般情况下就可满足安全施工的需要，地质条件复杂，为进一步保证施工安全，选择双侧壁导坑法、CD法或CRD法，如图4-17、4-18、4-19、4-20、4-21所示。

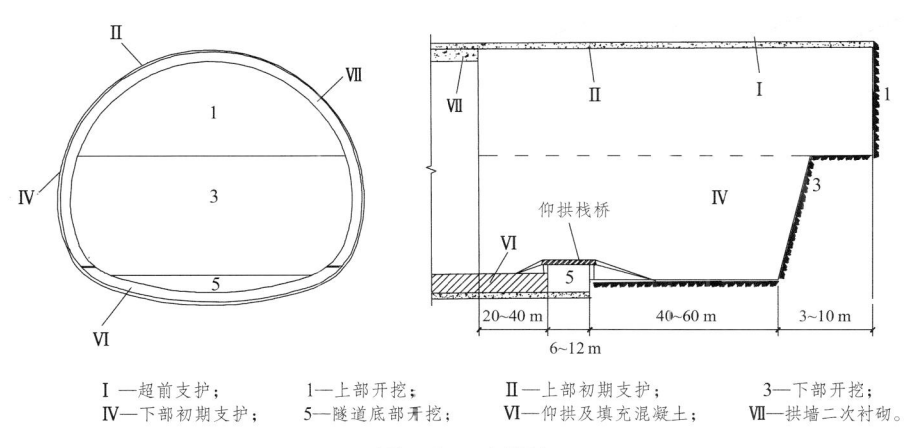

Ⅰ—超前支护； 1—上部开挖； Ⅱ—上部初期支护； 3—下部开挖；
Ⅳ—下部初期支护； 5—隧道底部开挖； Ⅵ—仰拱及填充混凝土； Ⅶ—拱墙二次衬砌。

图4-17 台阶法

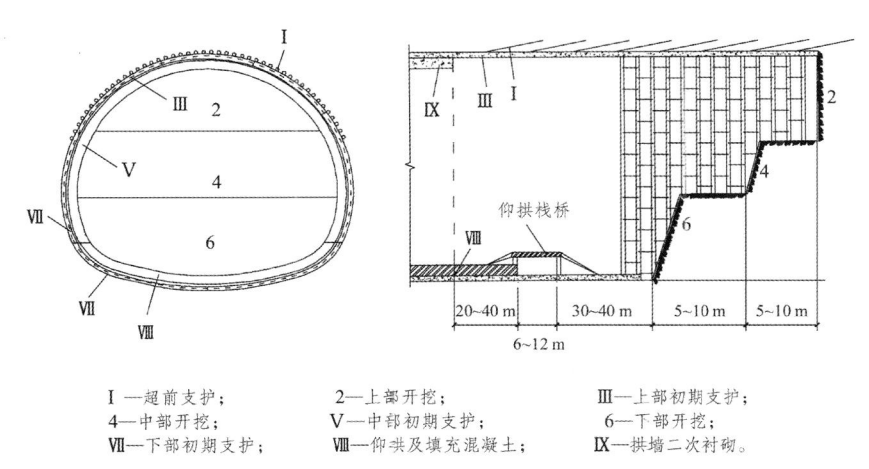

Ⅰ—超前支护； 2—上部开挖； Ⅲ—上部初期支护；
4—中部开挖； Ⅴ—中部初期支护； 6—下部开挖；
Ⅶ—下部初期支护； Ⅷ—仰拱及填充混凝土； Ⅸ—拱墙二次衬砌。

图4-18 三台阶法

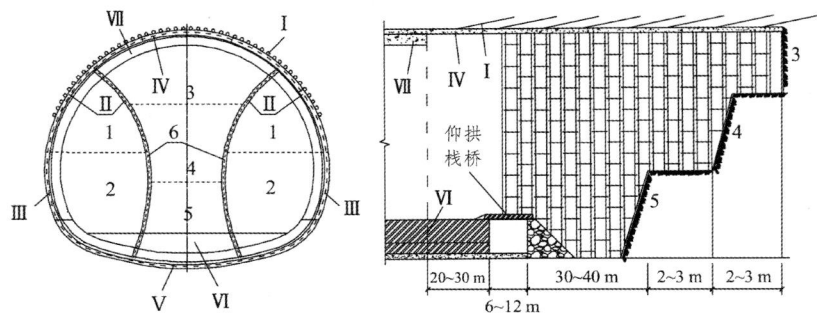

Ⅰ—超前支护； 1—左（右）侧导坑上部开挖； Ⅱ—左（右）侧导坑上部支护；
2—左（右）侧导坑下部开挖； Ⅲ—左（右）侧导坑下部支护成环； 3—中槽拱部开挖；
Ⅳ—中槽拱部初期支护与左右Ⅱ闭合； 4—中槽中部开挖； 5—中槽下部开挖；
Ⅴ—中槽下部初期支护与左右Ⅲ闭合； 6—拆除临时支护； Ⅵ—仰拱及填充混凝土；
Ⅶ—拱墙二次衬砌。

图4-19　双侧壁导坑法

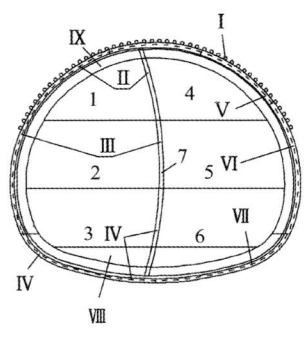

注：台阶形式可根据围岩情况调整，围岩较好时可调整为二台阶

Ⅰ—超前支护； 1—左侧上部开挖； Ⅱ—左侧上部初期支护； 2—左侧中部开挖；
Ⅲ—左侧中部初期支护； 3—左侧下部开挖； Ⅳ—左侧下部初期支护； 4—右侧上部开挖；
Ⅴ—右侧上部初期支护； 5—右侧中部开挖； Ⅵ—右侧中部初期支护； 6—右侧下部开挖；
Ⅶ—右侧下部初期支护； 7—拆除中隔壁； Ⅷ—仰拱及填充混凝土； Ⅸ—拱墙二次衬砌。

图4-20　CD法

  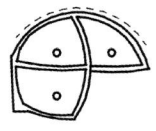

第一步：开挖洞室①，施作初期支护　　第二步：台阶法开挖洞室②，施作初期支护　　第三步：台阶法开挖洞室③，施作初期支护

 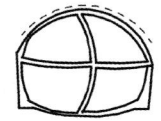 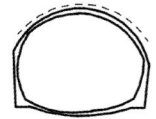

第四步：台阶法开挖洞室④，施作初期支护　　第五步：根据监测情况，纵向分段拆除临时支撑　　第六步：敷设防水层，施作二次衬砌及内部结构

图4-21　CRD法

（1）在城市进行爆破施工，必须事先编制爆破方案，并由专业人员操作，报城市主管部门批准，并经公安部门同意后方可施工。

（2）隧道开挖应连续进行，每次开挖长度应严格按照设计要求、土质情况确定。严格控制超挖量。停止开挖时，对不稳定的围岩应采取临时封堵或支护措施，隧道开挖如图4-22所示。

图4-22　隧道开挖

（3）同一隧道内相对开挖（非爆破方法）的两开挖面距离为2倍洞跨且不小于10 m时，一端应停止掘进，并保持开挖面稳定。

（4）两条平行隧道（含导洞）柱距小于1倍洞跨时，其开挖面前后错开距离不得小于15 m。

（5）隧道内应加强通风，在有瓦斯的隧道内进行爆破作业时必须遵守现行《煤矿安全规程》的有关规定。

### 4. 喷射混凝土初期支护

（1）隧道在稳定岩体中可先开挖后支护，支护结构距开挖面不宜大于5 m，在不稳定岩土体中，支护必须紧跟土方开挖工序。

（2）钢筋格栅拱架就位后，必须支撑稳固，及时按设计要求焊（栓）连接成整体，如图4-23所示。

（a）　　　　　　　　　　　　　　（b）

图4-23　钢筋网片及钢格栅安装

（3）锁脚锚管（杆）打设角度控制在45°～50°，使用L形钢筋与钢架焊接牢固，且管内注浆或采用锚固剂填充密实，如图4-24所示。

（4）暗挖隧道开挖后，及时进行初喷混凝土封闭开挖面，必要时喷射混凝土封闭掌子面，防止卵石层坍塌。超前小导管、格栅钢架及锁脚锚杆、钢筋网片等施工完成后，复喷混凝土至设计厚度。喷射混凝土终凝2 h后，喷水养护，养护时间不少于7 d，如图4-25所示。

图4-24　锁脚锚杆安装

图4-25　喷射混凝土

### 5. 现浇混凝土二次衬砌

（1）现浇混凝土二次衬砌在隧道初期支护变形稳定后进行。初期支护临时支撑的拆除严格按设计要求分段进行。

（2）钢筋绑扎中，钢筋拱架呈不稳定状态时，必须设临时支撑架。钢筋拱架未形成整体且稳定前，严禁拆除临时支撑架。

（3）如图4-26所示，使用模板台车时，应进行专项设计。台车上须设置反光条或彩灯带，完整地显示台车的轮廓，防止人员及车辆碰撞；所有设备需悬挂安全操作警示牌内容，包括小心触电、佩戴安全帽、限制高度、限制速度、禁止吸烟、小心坠落等。

图4-26　模板台车

（4）浇筑侧墙和拱部混凝土应自两侧拱脚开始，对称进行。每仓端部和浇筑口封堵模板必须安装牢固，不得漏浆。作业中应配备模板工监护模板，发现位移或变形，必须立即停止浇筑，经修理、加固，确认安全后，方可恢复作业，如图4-27所示。

（a）　　　　　　　　　　　　　　（b）

图4-27　二次衬砌施工及衬砌混凝土分层浇筑主分流槽

### 4.3.5　爆破作业安全事项

#### 1．临时炸药库房管理（见图4-28）

（1）严格执行"三专、三严、五双、六对头"制度。即专库存、专车运输、专人保管；严格制度、严格手续、严格管理；双锁、双本账、双人管、双人领、双人用；购进、库存、发出、领、退回、销毁与账目要相符合。

（2）严格按照领发手续执行，做到"二不批，五不发"，即不是专用领料单不批，不是专职人员不批；没有领料单不发，手续不全不发，不到发放时间不发，不是双人领料不发，质量有问题不发。

（3）建立出入库检查、登记制度。

（4）运输爆炸物品实行"三定"，即定车辆、定人员、定运输路线。

（a）　　　　　　　　　　　　　　（b）

图4-28　临时炸药库房

## 2. 爆破器材领取清退及装卸运输

（1）爆破器材运达指定目的地后，领取人应认真检查爆破器材的包装、种类、数量和质量。

（2）装卸运输爆炸物品要轻拿轻放，严禁扔、摔、拖、拽。

（3）炸药、雷管分开下井，多余爆炸物品存入临时防爆柜，爆破完清退，如图4-29所示。

（4）严格执行火工品清退制度，做到审批、实发、实用、清退，如图4-30所示为火工品存放区域隔离。

（a）

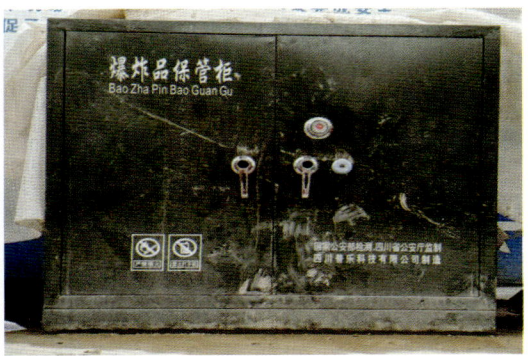
（b）

图4-29 炸药运输到场及临时爆炸品保管柜

图4-30 火工品存放区域隔离

## 3. 爆破装药

（1）装药前组织爆破工、班组长、瓦检员检查放炮地点附近20 m以内风流中的瓦斯，瓦斯浓度达到0.5%时不准装药，并加强通风，当瓦斯浓度低于0.5%时方可进行装药作业，如图4-31（a）所示。

（2）装药前隧道内断电并设置警戒线，无关人员要撤离到警戒线以外，如图4-31（b）所示。

（3）瓦斯自动监测探头及灯具清移出掌子面。

（4）检查隧洞内临电线路，确保无漏电和杂散电流。

（a） （b）

图4-31　装药前瓦斯检测及装药过程现场警戒

（5）装药应使用木质或竹制长杆进行，严禁使用铁质等金属杆件，如图4-32（a）所示。

（6）采用煤矿许用毫秒延时电雷管和三级煤矿许用乳化炸药进行爆破，如图4-32（b）所示。

 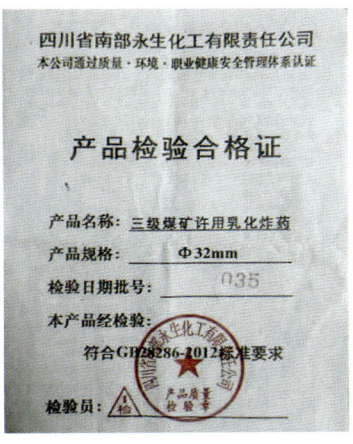

（a） （b）

图4-32　爆破装药及炸药合格证

## 4．三人连锁放炮

（1）放炮前，放炮员持"警戒牌"，班组长持"放炮命令牌"，瓦检员持"放炮牌",如图4-33所示。

图4-33 三人连锁

（2）放炮前，放炮员在做好放炮前的准备工作的前提下（检查瓦斯、连好母线、最后一个撤离），将"警戒牌"交给班组长（见图4-34），由班组长派人设警戒，并检查顶板与支架情况，负责把人员撤离到安全地点，停掉盲巷内的一切电源。

图4-34 警戒牌交接

（3）起爆前要将所有人员撤离至安全线以外，并发出起爆信号，同时通知洞口值班员严禁所有车辆和人员进入隧道，检查作业面人员和设备是否撤至安全区域，确保安全后方可起爆。

（4）两条平行隧道双线同向作业时，当一工作面进行爆破施工时，另一工作面应停止任何施工，待两工作面作业人员和机具撤离至安全点后方可起爆，爆破前警戒如图4-35所示。

图4-35 爆破前警戒

（5）班组长的一切工作就绪后，班组长将"放炮命令牌"交给瓦检员，瓦检员负责检查各地点瓦斯含量，如图4-36所示。

（6）爆破前组织爆破工、班组长、瓦检员检查放炮地点附近20 m以内风流中的瓦斯，瓦斯浓度达到0.5%时不准爆破，并加强通风，当瓦斯浓度低于0.5%时方可进行起爆作业，如图4-37所示。

图4-36 放炮命令牌交接

图4-37 爆破前瓦斯检测

（7）瓦检员检查瓦斯无异常时，将"放炮牌"交给放炮员，表示允许放炮，如图4-38所示。放炮员拿到"放炮牌"后，安全员监督检查上述工作是否到位，一切就绪后，放炮员吹两声口哨进行放炮。

（8）爆破后必须经过30 min通风排烟后，检查人员方可进入工作面，瓦检员检查瓦斯及其他有毒有害气体符合安全规定后其他工作人员才可进入工作面，如图4-39所示。

图4-38 放炮牌交接

图4-39 爆破后瓦斯检测

### 5. 爆破后有限空间作业审批

爆破后进入掌子面（有限空间）作业严格执行有限空间作业审批。严格执行"先通风、再检测，掌子面氧含量、有毒有害气体等相关指标符合要求后，由作业单位填写建设工程有限空间作业审批表，逐级审批签字确认作业条件后，作业人员方可进入掌子面（有限空间）作业"要求，爆破通风30 min后由瓦检员检测掌子面，有限空间作业审批表如图4-40所示。

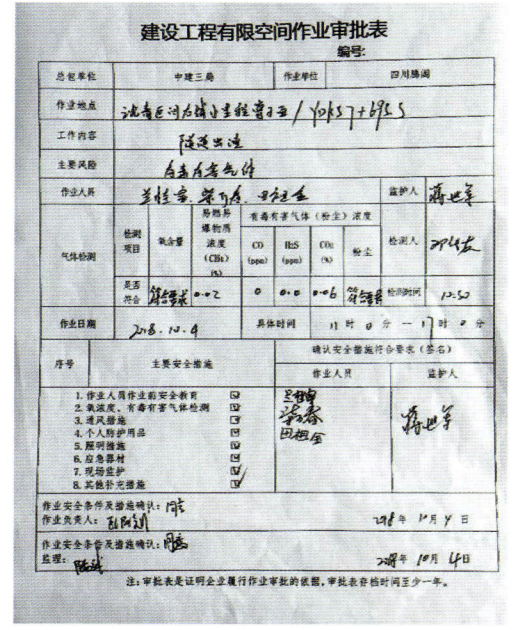
图4-40 有限空间作业审批表

### 6. 爆破后检查排危

（1）爆破后必须经过30 min通风排烟后，检查人员（瓦检员、班组长、爆破员）进入掌子面进行检查排危，安全员、工长跟班现场监督。检查有无"盲炮"及可疑现象；有无残余炸药或雷管；观察有无松动石块；支护有无损坏与变形，如图4-41（a）所示。在妥善处理并确认无误后，其他工作人员才可进入工作面。

（2）检查排危后，检查人员应对掌子面检查排危情况如实进行记录，如图4-41（b）所示。同时对检查问题及时通知相关施工班组进行处理。

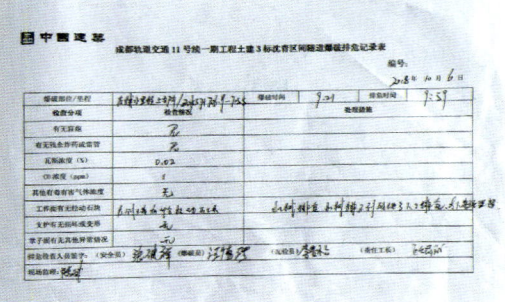

（a） （b）

图4-41 爆破后掌子面检查及爆破排危记录表

### 4.3.6 施工监控量测

监控量测是隧道施工过程中，对围岩支护体系的稳定状态进行监测，为初期支护参数的调整和二次衬砌施作的时机提出依据，是确保施工安全和结构安全可靠、指导施工过程和施工安全监控的重要手段，是隧道设计文件的重要组成部分，也是隧道施工作业中关键的作业环节，监控量测须纳入工序管理。隧道施工监控量测工作流程如图4-42所示。

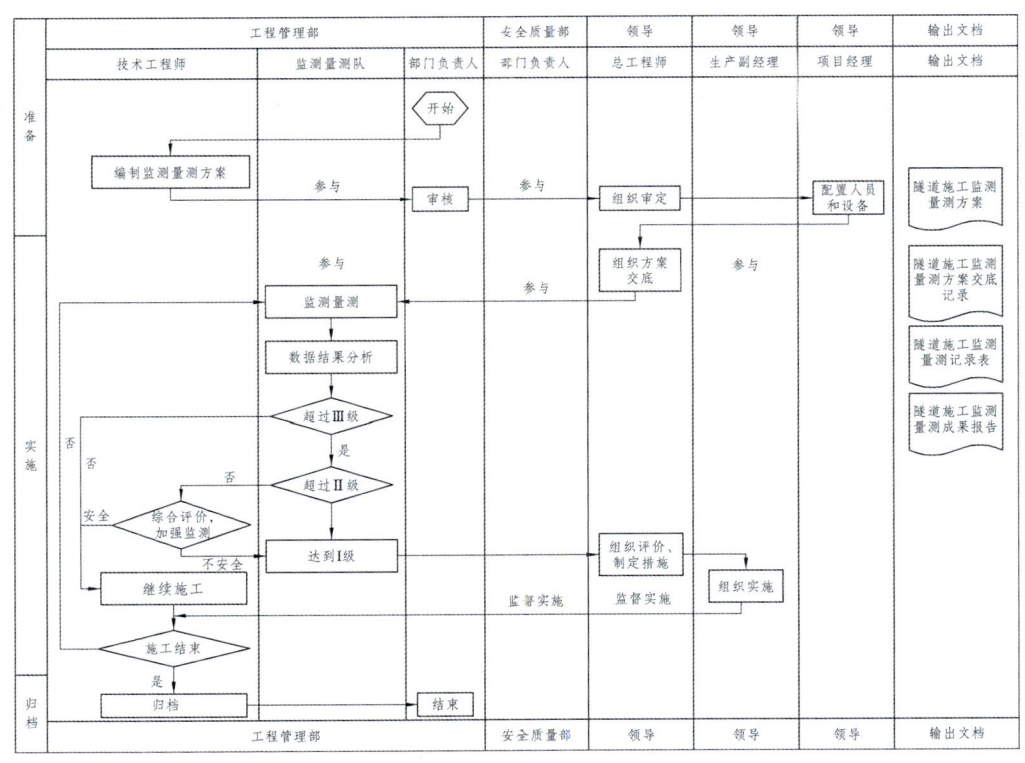

图4-42 隧道施工监控量测工作流程

（1）主要监测内容。

①地表监测（见表4-3）。

表4-3 地表监测

| 序号 | 监测项目 | 测点布置 | 监测仪器 |
|---|---|---|---|
| 1 | 地面下沉监测 | 1. 横向间距：隧道至地面45°范围内2~5 m。<br>2. 纵向间距：建议不大于隧道埋深。<br>3. 建筑物重要特征点 | 1. 精密水准仪。<br>2. 经纬仪。<br>3. 游标卡尺、测缝针。<br>4. 测斜管 |
| 2 | 建筑物下沉监测 | | |
| 3 | 建筑物倾斜监测 | | |
| 4 | 建筑物裂缝监测 | | |
| 5 | 地下管线下沉监测 | | |
| 6 | 土体倾斜监测 | | |

②初支变形监测（见表4-4）。

表4-4 初支变形监测

| 序号 | 监测项目 | 监测仪器 |
|---|---|---|
| 1 | 拱顶下沉监测 | 1. 精密水准仪。<br>2. 收敛仪。<br>3. 全断面扫描仪 |
| 2 | 水平收敛监测 | |
| 3 | 边墙沉降监测 | |
| 4 | 仰拱隆起监测 | |

③压力、应力监测（见表4-5）。

表4-5 压力、应力监测

| 序号 | 监测项目 | 监测仪器 |
|---|---|---|
| 1 | 围岩对初支压力监测 | 1. 液压枕式压力盒。<br>2. 钢筋应力计。<br>3. 混凝土表面应变计 |
| 2 | 钢筋应力监测 | |
| 3 | 混凝土表面应变监测 | |

（2）监测的主要目的：判断结构、围岩安全性及监控变化情况，防止突发事件发生，图4-43所示为拱顶混凝土防脱空监测装置。

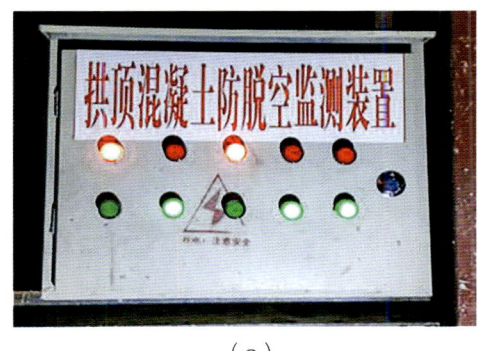
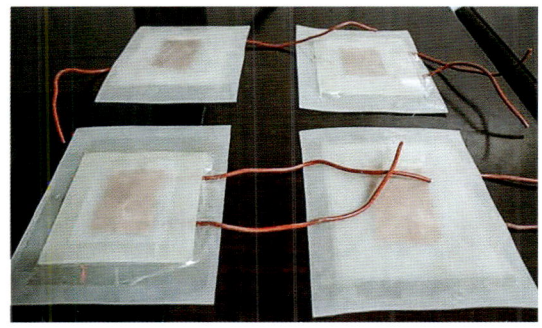

（a） （b）

图4-43 拱顶混凝土防脱空监测装置

（3）量测点的埋设要求。

①埋设时间：与对应位置初期支护施工同步埋设。

②埋设要求：根据各洞开挖方式、围岩类型、断面类型等，设计图纸要求布设量测点；不得与钢架焊接，埋设在钢架中间部位，插入基岩不少于20 cm。

（4）初始值采集，按规范要求在开挖完成2 h内完成初始值采集，初期喷射混凝土完成后进行下一循环开挖放线时采集；监控量测所有原始资料和分析判释结论随施工日志放置在隧道口备查。

（5）所有量测桩点必须有明显的标示标牌，所有量测桩点必须妥善保护，不得随意破坏。机械设备作业时注意保护，喷浆作业时进行包裹保护，如图4-44所示为现场测量及监测点标示及保护。

（a） （b）

图4-44 现场测量及监测点标示及保护

（6）监测频率：规范和设计上有相关规定，日常按其执行即可，但沉降速率较大的时候或者出现异常情况或不良地质时，应增大监控量测频率，可增加至不超过2 h/次。

（7）沉降数据的反馈，每日必须向技术负责人反馈沉降情况。

## 4.3.7 隧道坍塌应急准备措施

(1)隧道施工应配备急救机械设备、监测仪器、堵漏和清洗消毒材料、交通工具、个体防护设备、医疗设备和药品、生活保障和救援物资等,应进行定期检查、维护和更新。不得挪用救援物资及救援设备。

(2)隧道施工应建立兼职救援队伍。

(3)隧道通风、供水及供电设备应纳入正常工序管理,设专人负责管理。施工过程中应加强通风效果检测,供水供电管道、线路应通畅,同时应设置备用设备和备用电源。

(4)隧道内交通道路及开挖作业等重要场所应设置安全应急照明和应急逃生标志,应急照明应有备用电源以保证光照符合要求。

(5)软弱围岩隧道开挖掌子面至二次衬砌之间应设置逃生通道,随开挖进尺不断前移,逃生通道距离开挖掌子面不得大于20 m。逃生通道的刚度、强度及抗冲击能力应满足安全要求,逃生通道内径不宜小于0.8 m,如图4-45(a)所示。

(6)长、特长及高风险隧道应设报警系统及逃生设备、临时急救器械和应急生活保障品等。

(7)隧道施工期间各施工作业面应安装有应急照明装置的报警系统装置,如图4-45(b)所示。

(a)

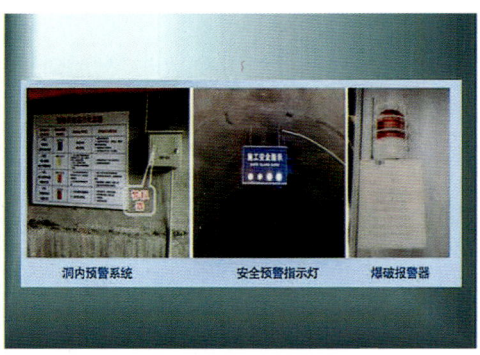
(b)

图4-45 洞内预警系统及隧道坍塌逃生通道

# 第五章 瓦斯隧道施工安全管理

广义的瓦斯，是指从煤（岩）涌入隧道的有毒有害气体，包括隧道开挖过程中形成的气体、空气与矿物、围岩、支架和其他材料之间的化学反应、生物化学反应所形成气体的总称。

## 5.1 瓦斯隧道的灾害类型

### 5.1.1 瓦斯窒息

瓦斯成分比较复杂，主要由甲烷组成。甲烷比空气轻，常常积聚在隧道顶部，形成局部高浓度（即体积分数，本书沿用传统说法）瓦斯区。由于瓦斯无色无味，施工人员难以防范，如果进入瓦斯聚集区，吸入一定量的瓦斯，就会发生窒息事故，情况严重可导致窒息死亡。

### 5.1.2 瓦斯爆炸

瓦斯爆炸是煤矿和隧道中特有的一种后果极严重的灾害。瓦斯和空气混合后，在一定的条件下发生热-链式氧化反应，并产生高温及高压。瓦斯爆炸时会出现温度和压力（压强）急剧上升的现象，产生大量CO等有毒有害气体，造成人员伤亡和摧毁隧洞设施和设备。瓦斯爆炸有时还会引起煤

图5-1 某隧道发生瓦斯爆炸事故

尘爆炸和火灾，使生产难以在短期内恢复。图5-1所示为某隧道瓦斯爆炸事故。

瓦斯爆炸必须具备三个条件：

（1）瓦斯浓度5%～16%。

瓦斯浓度过低（低于5%时），只能燃烧，不能爆炸；而瓦斯浓度过高（高于16%时），也不能形成爆炸。在新鲜空气中，瓦斯浓度达9.5%时，混合气体中的瓦斯和氧气全部参加反应，化学反应最完全，产生的温度和压力也最大。

（2）氧气浓度12%～20%。

含瓦斯的混合气体中氧的浓度降低时，瓦斯爆炸界限随之缩小。当氧的浓度低于12%时，混合气体就失去爆炸性。当氧的浓度达到12%以上时，就可能发生爆炸。瓦斯爆炸界限如图5-2所示。

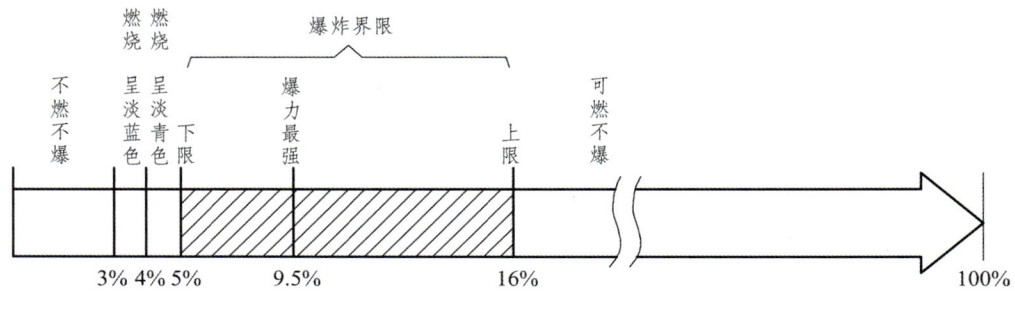

图5-2 瓦斯爆炸界限

（3）引火源（或达到瓦斯气体着火点的高温）。

瓦斯的引火温度受瓦斯浓度、火源性质及混合气体的压力等因素的影响而变化，一般认为在引火温度相同时，火源面积越大、点火时间越长，越易引燃瓦斯。

### 5.1.3 瓦斯突出

瓦斯突出是指在隧道掘进过程中，大量承压状态瓦斯从煤、岩层裂缝中突然喷出的动力现象，是瓦斯特殊涌出的一种形式，其特点是在短时间内涌出大量瓦斯，瓦斯若从煤层涌出，一般伴随煤一起突出，称之为煤（岩）与瓦斯突出，猛烈的动力效应可能带来隧道塌方和火灾等严重后果。

## 5.2 瓦斯管控重点及措施

地铁施工中可能会涉及瓦斯地层。在施工过程中若瓦斯防控不善，可能出现大量瓦斯涌出或突出造成爆炸、火灾以及人员中毒、窒息等安全事故。因此瓦斯隧道施工要按照"加强通风、重视监测、勤测瓦斯、严控火源"的总体原则，贯彻"先测后进，有疑必测，不明不进"的指导方针，做到"管理到位、通风可靠、监控有效"，确保瓦斯防控到位。瓦斯隧道施工安全管控重点及措施如表5-1所示。

表5-1 瓦斯隧道施工安全管控重点及措施

| 管控重点 | 管控措施 |
| --- | --- |
| 门禁管理 | 设置静电消除装置，不得穿化纤衣服，不得携带手机、烟、火、钥匙扣、电子手表等违禁物品；戴好人员定位识别卡，所有进洞人员必须全面搜身检查并登记 |
| 通风管理 | 通风机一用一备，采用双电源供电，隧道通风必须保持24 h不间断，保证隧道施工瓦斯浓度小于限定值，定期进行测风检测，风速达标；不能无计划停风，严禁无风或微风作业；不得擅自停开风机，洞内安装风电闭锁装置 |
| 瓦斯检测 | 专职瓦检员配备专业工具对隧道重点部位检测，做到检查手册、报表和牌板"三对口"；建议频率不少于2 h/次 |
| 自动监控 | 瓦斯监控人员24 h值班值守，有签字的监控日报表，系统安装及布设符合相关规定；有设备调校及异常情况处理记录 |
| 动火审批 | 严格执行动火审批制度，作业时瓦检员、安全员必须旁站，配备灭火器材，瓦斯浓度高于限定值时禁止动火作业 |
| 防爆改装 | 进洞前作业机械必须防爆改装，尾气罩加装火花熄灭装置，瓦电闭锁定期检测 |
| 用电管理 | 隧道内电气设备、电缆必须为矿用防爆型，安装整齐；备用电源每10 d进行一次切换运行试验，应在10 min内完成切换；定期对施工作业机械以及通风、机电设备设施进行防爆性能检查 |
| 超前地质预报 | 采用物探和超前地质钻探，按照设计布置超前钻孔，按照设计深度进行钻探，同时加强常规地质分析。超前地质预报应保留一定搭接长度 |
| 特殊情况 | 风机停风立即撤出人员，通风恢复后必须通风30 min后经瓦斯检测浓度低于限定值方可施工，停工作业面必须喷射混凝土封闭掌子面，隧道出现瓦斯突涌立即撤离人员，并加强通风，待瓦斯检测合格后方可恢复施工 |

## 5.3 瓦斯隧道施工安全管理标准做法

### 5.3.1 瓦斯防控体系

#### 1. 瓦斯管理体系

为做好瓦斯防控，要以指挥部和项目部两个层级为主，项目部后台公司为支撑，引入第三方防控单位为补充，建立安全管理体系，如图5-3所示。从组织体系上保证瓦斯防控得到重视和落实。

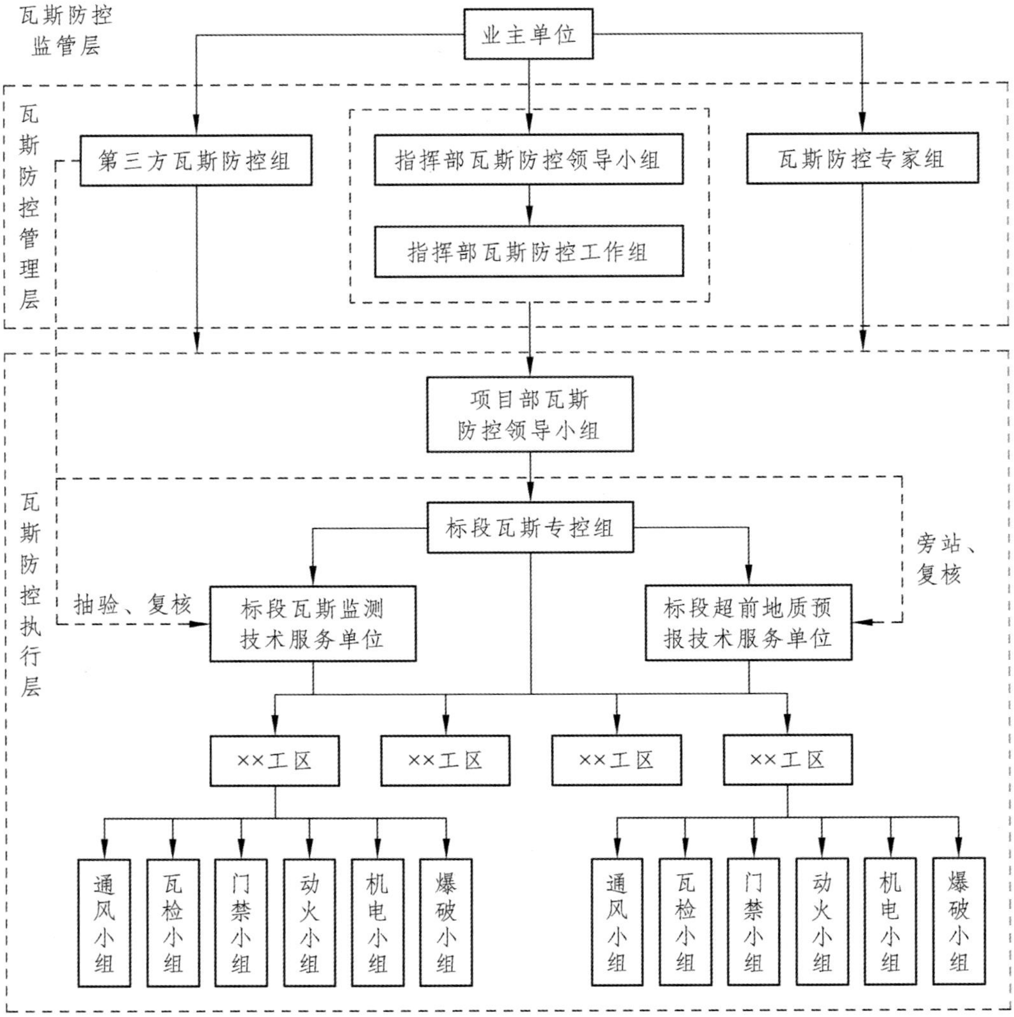

图5-3 瓦斯管理防控体系

## 2. 瓦斯人员配置

由于瓦斯防控具备一定专业性，做好瓦斯防控，要在原有管理人员的基础上，进行专门的人员配置，强化安全管理。一是指挥部和项目部要有专人管理，保证能够督促管控措施落实、发现隐患和整改。二是瓦斯防控实施人员，如瓦检工、通风工、监控工以及实施管理人员要做到足额配备，每个作业点至少配备3名瓦检工、1名通风工、2名监控员、3名门禁管理员、1名瓦斯防控管理员，保证现场24小时轮班值守，不得缺岗。三是瓦斯检测专业人员要持证上岗，具备相应的专业技能和素养。各工点具体人员配置可参照表5-2。

表5-2　各工点瓦斯专控人员需求数量

| 项目部 | 安全员 | 瓦斯主管 | 瓦检工 | 通风工 | 监控员 | 电工 | 门禁 |
|---|---|---|---|---|---|---|---|
| 盾构工点 | 2~3 | 1~2 | 3 | 1 | 2 | 1 | 3 |
| 暗挖工点 | 2~3 | 1~2 | 3 | 1 | 2 | 1 | 3 |

### 3. 制订管理制度

项目部制订《瓦斯隧道施工管理办法》，对瓦斯隧道的超前预报、爆破作业、通风管理、瓦斯检测、机电设备管理、门禁系统管理、动火作业以及应急救援做了明确要求。从现场操作层面，要做到制度上墙，落实交底，确保每一名工作人员熟悉制度、遵守制度，如图5-4所示。

图5-4　瓦斯防控相关制度及台账上墙

## 5.3.2　落实技术保障

指挥部组织专家对《瓦斯防控第三方监管专项方案》进行论证，明确指挥部监管工作内容、工作机制、技术管理与质量保证措施及专项应急预案，如图5-5所示。

各项目部对于瓦斯工点开工前要有专项方案，明确瓦斯防控措施，并进行详细交底。

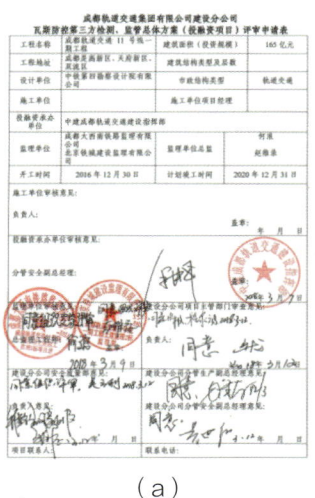

(a) (b)

图5-5 专项方案审批及组织专家论证

### 5.3.3 教育培训

指挥部和项目部均应开展瓦斯防控培训和教育,强化管理意识,提升瓦斯防控素养和技能,确保全体人员都能掌握、知晓瓦斯防控知识和管理重点,如图5-6所示。

(a) (b)

图5-6 瓦斯教育培训

### 5.3.4 物资保障

物资保障主要包括配备足量的检测设备以及对施工设备按要求进行防爆处理。其中检测设备包括光干涉式甲烷测定器、风速表、甲烷监测报警仪等,如图5-7所示;施工现场应对进洞作业的挖机、装载机、配电箱、洞内照明均进行防爆处理,落实"三专两闭锁"的瓦斯防控管理要求。

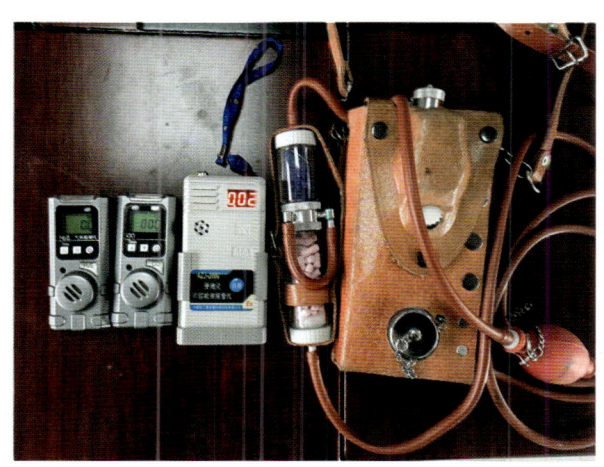

图5-7 有害气体检测仪器

## 5.3.5 瓦斯浓度限制值及处理措施（见表5-3）

表5-3 瓦斯浓度限制值及处理措施

| 序号 | 瓦斯工区 | 地点 | 限制值 | 处理措施 |
|---|---|---|---|---|
| 1 | 微瓦斯 | 任意处 | 0.25% | 加强通风与瓦斯检测，查明原因 |
| 2 | 低瓦斯 | 任意处 | 0.5% | 超限20 m范围内立即停工，查明原因，加强通风和瓦斯检测 |
| 3 | 高瓦斯/瓦斯突出 | 局部瓦斯积聚（体积大于0.5 m³） | 2.0% | 超限处附近20 m停工、撤人、断电，及时进行处理，加强通风 |
| 4 | | 开挖工作面风流中 | 1.0% | 停止电钻钻孔，超限处停工、撤人、切断电源，加强通风，查明原因等 |
| 5 | | 回风巷或工作面回风沉中 | 0.5% | 非防爆设备停止工作 |
| | | | 1.0% | 停工、撤人，处理 |
| 6 | | 放炮地点附近20 m风流中 | 1.0% | 严禁装药和放炮作业 |
| 7 | | 过含油气构造地层段放炮后工作面风流中 | 1.0% | 继续通风、不得进人 |
| 8 | | 局部风机及电气开关附近10 m范围内 | 0.5% | 停机、通风，处理 |
| 9 | | 电动机及开关附近20 m范围内 | 1.5% | 停机、撤人、断电，进行处理 |
| 10 | | 竣工后洞内任何处 | 0.5% | 查明渗漏点，进行整治 |

### 5.3.6 过程管控

**1. 超前地质预报**

各项目部委托的超前地质预报单位的资质、现场实施人员、设备、实施方式应与方案一致。瓦斯工点施工中应采取定性预测（地质调查）和洞内超前钻孔预测预报，并采用相关仪器进行预测预报，以防止瓦斯突出及有害气体溢出等不良地质灾害的发生。每循环超前钻孔数为3～5个，若遇瓦斯及有害气体溢出段，则应加强对各项施工措施的施工准备工作。图5-8所示为隧道地质超前预报系统。

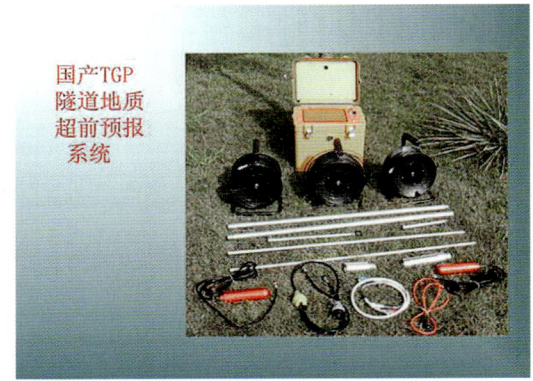

图5-8　隧道地质超前预报系统

指挥部每循环现场抽查现场数据采集环节或钻孔施工工程是否合理，采集数据质量或施工数量及质量是否满足相关技术要求并根据检查结果形成检查记录。

**2. 瓦斯检测**

（1）人工检测。

瓦斯检测人员必须经过培训、考核合格后持证上岗。瓦斯检测员必须随身携带便携式瓦检仪，做到对作业工作面瓦斯浓度巡视监测及即时监测。项目部瓦检人员要每2 h检测一次，特殊工序如电焊作业、防水板焊接、塌方处理等重点部位，必须保证全过程检测。图5-9所示为瓦斯隧道施工管理台账。

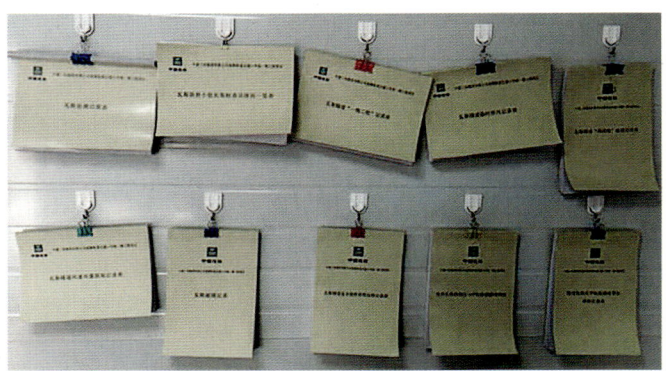

图5-9　瓦斯隧道施工管理台账

指挥部瓦斯防控人员每日对瓦斯工区的重点部位地点进行检查、复核。重点部位包括：高瓦斯暗挖隧道的开挖工作面、衬砌台车附近，放炮地点附近20 m内等部位；低瓦斯盾构隧道的盾构机盾尾密封处、中盾与盾尾铰接密封处、螺旋机出土口、联络通道等部位，如图5-10、5-11所示。

（a）　　　　　　　　　　　　　　（b）

图5-10　掌子面瓦斯检测及二衬台车瓦斯检测

（a）　　　　　　　　　　　　　　（b）

图5-11　管片拱顶瓦斯人工检测及盾构机瓦斯检测

（2）自动监测。

瓦斯自动监测是对掌子面、二衬台车、回风等瓦斯浓度以及风机开停状况进行实时监测，与断电仪连接，实现"当主通风机停止运转或风筒风量低于规定值时，自动切断掘进工作面内（除备用风机电源外）的所有设备电源；工作面瓦斯浓度超限时，声光报警并自动切断工作面迎头被控设备电源"。简称"风电闭锁、瓦电闭锁"。如图5-12所示为瓦斯自动监测。

（a）　　　　　　　　　　　　　（b）

图5-12　瓦斯自动监测

### 3. 通风管理

各项目部瓦斯工点施工期间，应建立瓦斯检测及通风监控制度和组织系统，并设置专职瓦斯检测员及通风管理员，测定气体参数、瓦斯浓度、风速、风量等参数。

指挥部瓦斯防控组每十天对各项目部各工区测风工作进行一次抽检复核，检查通风管理制度落实情况，如图5-13所示为通风管理。重点监管：对重点部位的测风数据进行抽查复核。爆破时人员全部撤离、爆破后加强通风。长期停工的地点，若停风，必须在24 h内封闭完毕。

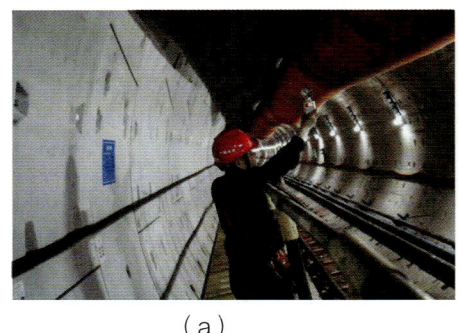 

（a）　　　　　　　　　　　　　（b）

图5-13　通风管理

### 4. 设备监管

指挥部和项目部每天巡查防爆电气设备是否存在安全隐患，检查洞内机电设备防爆性能、防护性能情况，尤其是"三专两闭锁"（专用变压器、专用开关、专用电缆，风电闭锁、瓦电闭锁）情况是否正常。除日常巡查外，应按规定周期进行检查，其检查周期可参照表5-4，发现问题及时维修或更换。

表 5-4　机电设备和电缆的检查周期

| 序号 | 检查项目 | 周期 | 备注 |
|---|---|---|---|
| 1 | 使用中的防爆机电设备的防爆性能 | 每月一次 | 专职电工每日检查外部一次 |
| 2 | 配电系统继电保护装置检查、整定 | 每半年一次 | 负荷变化应及时调整 |
| 3 | 高压电缆的泄漏和耐压试验 | 每年一次 | |
| 4 | 主要机电设备绝缘电阻检查 | 每月一次 | |
| 5 | 固定敷设电缆的绝缘和外部检查 | 每季一次 | 外观和悬挂情况由专职电工每周检查一次 |
| 6 | 移动式机电设备的橡胶电缆绝缘检查 | 每月一次 | 由专职电工每班检查一次外表有无破损 |
| 7 | 接地网接地电阻测定 | 每季一次 | |
| 8 | 新安装的机电设备绝缘电阻和接地 | 投入运行前测定 | |

洞内运输机械设备必须进行防爆改装，未经防爆改装的内燃车辆严禁进入隧道，如图5-14所示为设备防爆改装原理示意图。当环境瓦斯浓度超过报警限值，系统发出声光报警，司机发现异常后立即将汽车熄火并关闭电瓶电源；如果司机未及时处理报警，当环境瓦斯浓度继续升高达到熄火控制浓度时，控制器自动发出控制信号，控制车辆电子熄火装置实现自动熄火，同时输出断电控制信号，控制车辆总电源继电器实现车辆断电。当报警解除后，汽车方可再次启动。图5-15所示为设备防爆改装及声光报警器，图5-16所示为矿用车载式甲烷断电仪及机动车排气火花熄灭器。

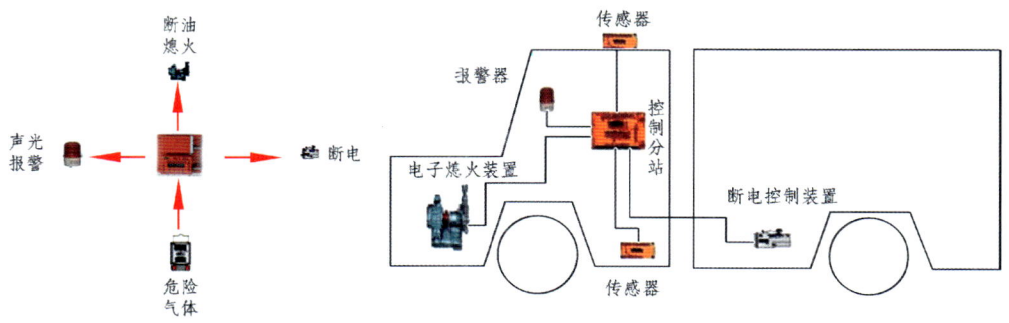

图5-14　设备防爆改装原理

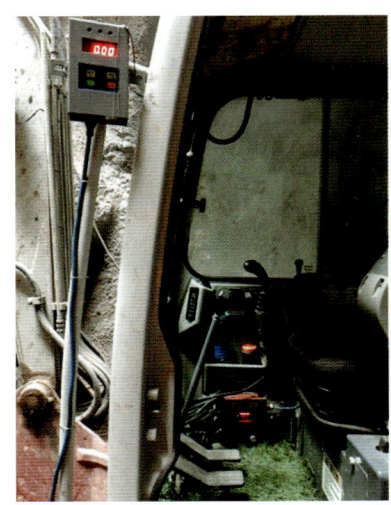 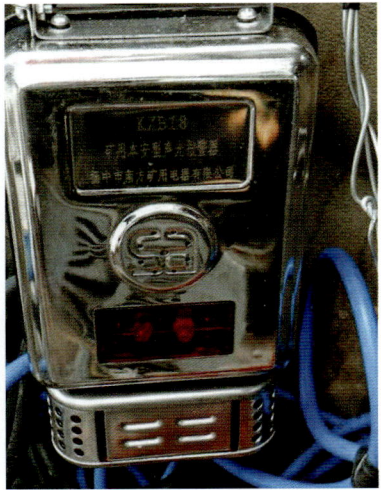

（a） （b）

图5-15 设备防爆改装及声光报警器

（a） （b）

图5-16 矿用车载式甲烷断电仪及机动车排气火花熄灭器

## 5. 动火管理

一是瓦斯隧道内动火应严格执行"动火审批制度"。二是在焊接、切割等工作地点前后各20 m范围内，由检测人员现场检测瓦斯浓度，区域内瓦斯浓度必须小于0.3%，并不得有可燃物，并在作业完成前由专人检查，对焊接部位进行降温，确认无残火后方可结束作业。三是动火施工现场无专职瓦检员监控不得实施作业，瓦检员必须全过程监测瓦斯浓度。图5-17所示为隧道动火作业流程。

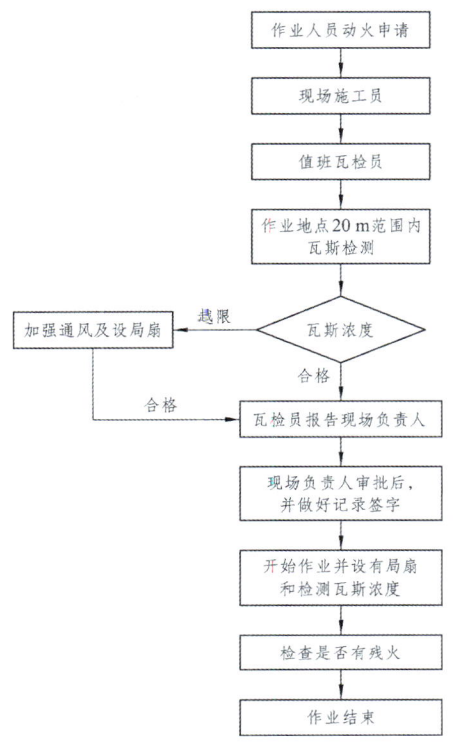

图5-17 隧道动火作业流程

### 6. 门禁管理

各瓦斯工点要落实门禁管理，各洞口设3名责任心强的职工负责洞口值班工作，要求24 h值班。门禁处要对进入洞人员进行登记、检查，出洞时记录出洞时间；检查进洞人员是否穿着易产生静电的服装，绝不准许任何人将打火机、火柴等火源或手机等通信设备带入隧道中。每次交接班前，接班班长必须把进洞的工种、进洞考勤人数报告洞口值班人员，作为值班人员检查的依据，如图5-18所示。

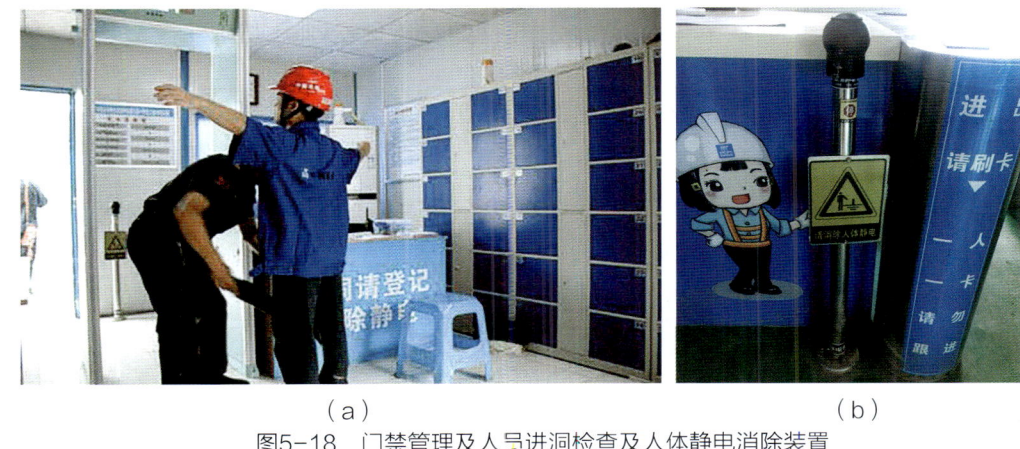

（a） （b）

图5-18 门禁管理及人员进洞检查及人体静电消除装置

# 第六章 盾构隧道施工安全管理

## 6.1 概述

盾构法施工具有安全性高、机械化程度高、施工速度快、受环境影响小、对地层扰动小以及在软弱地层和埋深大的长隧道施工中具有的技术和经济方面的优越性等优点，轨道交通工程一般会优先考虑盾构法施工。目前较常见的有密闭式泥水盾构和密闭式土压盾构。由于地质情况、周边环境及施工条件的不同，盾构施工可能会产生滞后沉降、隧道灌水、机械伤害、构建筑物沉陷倾倒等事故，因此在盾构施工过程中必须对盾构施工的选型、始发、掘进、到达全过程进行安全管控。

## 6.2 管控重点及管控措施（见表6-1）

表6-1 盾构施工安全管控重点及措施

| 管控重点 | 管控措施 |
| --- | --- |
| 盾构机选型 | （1）土压平衡盾构适用于低渗透性的黏土、粉质土或淤土等黏稠土壤。<br>（2）泥水加压平衡盾构适用于冲击黏土和洪积砂土交错出现的特殊地层、软弱的淤泥质土层、松动的砂土层、砂砾层、卵石砂砾层、砂砾和坚硬土互层等含水地层中。<br>（3）瓦斯地段，应对盾构机进行防爆改装 |
| 现场组装 | （1）准备工作：盾构组装前必须制订详细的组装方案与计划，同时组织有经验的经过技术培训的人员组成组装班组。<br>（2）吊装：根据工程实际情况及方案选择安全合理的吊装设备及吊装方法；对端头地面进行加固以保证吊装平台的承载力符合要求；正确选择吊点的位置，对吊耳进行探伤检测，检测合格方可起吊。<br>（3）吊装前做好人员教育交底，吊装过程中做好警戒隔离和旁站监督 |
| 始发 | （1）地层加固：盾构始发前，要根据洞口地层的稳定情况评价地层，采取"固结灌浆""冷冻法""插板法"等措施进行地层加固。<br>（2）洞门凿除：洞门混凝土凿除前，端头加固的土体需达到设计要求的强度、渗透性、自立性等技术指标后，方可开始洞口混凝土凿除工作。<br>（3）洞口密封：为防止背衬注浆砂浆外泄，应对洞口进行密封。<br>（4）始发导轨安装：在围护结构破除后，盾构基座端部与洞口围岩之间必然会产生一定的空隙，为保证盾构在始发时不至于因刀盘悬空而产生盾构"叩头"现象，需要在始发洞内安设洞口始发导轨。<br>（5）反力架、负环钢管片安装：准确定位出反力架、负环钢管片的位置，进行安装；盾构推进过程中，反力架两侧严禁站人，防止反力架崩坏伤人。<br>（6）基座侧向加固：由于盾构基座在盾构始发时要承受纵向、横向的推力以及约束盾构旋转的扭力，所以在盾构始发前，必须对盾构基座两侧进行必要的加固。<br>（7）监测：大件组装时应对始发井端头墙进行严密的观测，掌握其变形与受力状态；盾体上焊接的吊耳、反力架安装必须经过探伤检测合格。<br>（8）负环管片拆除：应对作业人员进行教育交底，管片内侧和外侧作业人员必须系好安全带，起吊时作业人员至少远离作业现场10m；未拆除的相邻环管片连接螺栓不能打开，应保持合状；拆除过程中指挥人员应由具有施工经验的人员通过对讲机传递信号；作业前应检查工具、机具及钢丝绳等；管片起吊过程中必须系好缆风绳，以保证管片起吊平稳 |
| 负环拆除 | （1）当安装的管片产生的摩擦力足够提供盾构施工推力，方可拆除负环管片。<br>（2）拆除负环前，首先对前10环管片采用扁铁+木楔子进行拉紧。<br>（3）负环从楔形块开始拆除，再依次由上到下拆除B块、A块，0环管片在洞门施工前拆。 |

续表

| 管控重点 | 管控措施 |
| --- | --- |
| 负环拆除 | （4）每块管片拆除前先凿开吊装螺栓孔，由管片外侧向内侧安装钢丝绳将管片绑紧。<br>（5）最先拆除第一环管片时，先用吊车吊好管片，吊稳后，拆掉所有的连接螺栓，再以门吊缓慢匀速地将管片吊起。<br>（6）顶部管片拆除时，先安装好吊装螺栓，用门吊将管片吊稳后，拆掉纵向螺栓，松开环向螺栓，缓慢地将管片提起一定的高度，管片稳定后，再将管片采用龙门吊吊出 |
| 进仓作业 | （1）降水：在砂卵石地层、砂卵石泥岩复合地层中实施，降水井数量一般单线2～3口，深度至隧道底以下3～4 m或深入泥岩地层不小于2～3 m，开仓前降水井水位需降至隧道底1 m或泥岩与砂卵石交界面。<br>（2）地面加固：一般采用地面袖阀管注浆加固，单线一般布置9个孔，钻孔深度至隧道中心线位置，若设计方案有明确要求则按照设计方案施工。<br>（3）气体检测：开仓前需对土仓内气体进行置换，同时进行有害气体排放量检测，检测合格后方可开启仓门；换刀期间土仓内放自动检测仪，实时检测有害气体情况；换刀作业期间应始终保持通风，氧气含量不得小于20%，有害气体含量不得超标。<br>（4）掌子面检查：开仓后，检查掌子面地层稳定性、含水量等情况，确保安全后方可进行换刀作业。<br>（5）仓内作业：人员进入土仓换刀作业必须佩戴好安全带，人闸口配备一名值班人员；每次进入土仓人员不得超过两人，进仓人员须经体检合格且经过安全技术培训方可进仓，若为带压开仓，应有减压病治疗资质的医生在现场负责医疗安全。<br>（6）物资配备：水泵、手电筒、安全绳、鼓风机、瓦检仪等应急物资配备到连接桥位置，数量满足要求；应急水泵要求合闸即用；应急发电机（≥150 kW），可随时启动并切换电源，应急柴油不得小于200 L |
| 掘进 | （1）滞后沉降：严禁超挖和长时间停机以避免出现滞后沉降。<br>（2）水平运输：电瓶车司机应持证上岗；隧道入口和转弯处应有限速、鸣笛灯箱；隧道内电瓶车应有防溜车装置并配备跟车人员；电瓶车应每日进行检修保养。<br>（3）垂直运输：司机及指挥人员均应持证上岗；吊装作业应有管理人员旁站；井口应设置临边防护；地面和井下均应有指挥人员，排除盲区；吊装作业时应对现场进行隔离，严禁人员作业或穿行。<br>（4）轨行区管理：站内及隧道内人行通道通过设置防护围挡与轨行区分离 |
| 管片拼装 | （1）管片选型以满足隧洞线型为前提，重点考虑管片安装后盾尾间隙要满足下一掘进循环限值，确保有足够的盾尾间隙，以防盾尾直接接触管片。<br>（2）管片安装尽量从隧洞底部开始，然后依次安装相邻块，最后安装封顶块。<br>（3）封顶块安装前，对止水条进行润滑处理，安装时先径向插入50 cm，调整位置后缓慢纵向顶推。<br>（4）管片块安装到位后，及时伸出相应位置的推进油缸顶紧管片，其顶推力大于稳定管片所需力，然后方可移开管片安装机。<br>（5）在管片环脱离盾尾后要对管片连接螺栓进行二次紧固 |

续 表

| 管控重点 | 管控措施 |
|---|---|
| 穿越重要河流 | （1）刀具检查：为确保盾构机下穿河流时刀具具备足够的开挖能力，避免在下穿过程中换刀，保证盾构机连续掘进，盾构机在穿越河流前应停机检查刀具并根据检查情况进行刀具更换。<br>（2）盾构机检查：穿越河流前对盾构机刀盘驱动系统、油缸推进系统、压力传感器、螺旋输送机和注浆管路等进行一次全面整机检查，对于存在故障和故障隐患的机械进行一次全面维修保养，确保盾构机在穿越河流的过程中处于良好的工作状态，保证连续掘进。<br>（3）密封性检测：穿越过程中须保证盾尾密封处无渗漏现象，盾尾油脂注入量（≥40 kg）满足要求，管片盾尾间隙正常；铰接密封处无渗漏现象，润滑油脂注入正常，紧急密封气囊配套设备完好，管路连接到位。<br>（4）实时监测：盾构机穿越河流期间应全程监测河面及周边地面变化情况，一旦出现异常变化，立即响应，采取应对措施。<br>（5）物资配备：提前准备盾构机易损配件，若出现故障能及时更换；棉纱、木屑、速凝水泥、聚氨酯等应急物资配备到开挖面，数量满足要求；应急发电机（≥150kW）线路连接到位，可随时启动切换电源；螺旋输送机闸门断电保护蓄能器状况良好，压力表显示值符合要求；螺旋输送机紧急防喷涌聚氨酯注入泵线路、管线连接到位，可随时启用。<br>（6）推进控制：盾构掘进总推力、刀盘扭矩、推进速度等参数根据地质情况合理设置，无异常现象；盾构掘进每环出土量不超方，定期进行复核，应制定记录表，填写真实数据；渣土充塑性、稠度改良到位，螺旋输送机出渣口无喷涌现象；同步注浆注入量符合要求，管片脱出盾尾后4环及时跟进二次注浆 |
| 穿越构建筑物 | （1）根据盾构穿越及上覆的地层情况，优化掘进参数并进行严格控制。<br>（2）综合考虑建构筑物情况，根据设计图纸要求对其进行预注浆加固。<br>（3）根据地面监测情况，通过在管片上增设的注浆孔在洞内采取注浆加固措施。<br>（4）根据相关监测要求，合理布置监测点，增加监测频率，并及时反馈，以便采取保护措施 |
| 接收 | （1）轴线复核：盾构到达前100 m和50 m时，必须对盾构轴线进行测量、调整。<br>（2）参数调整：盾构切口离到达接收井距离约100 m时，必须控制盾构推进速度、开挖面压力、排土量，以减少洞门地表变形。<br>（3）洞门拆除：盾构接收时应按照预定的拆除方法与步骤，拆除洞门。<br>（4）洞门密封：当盾构全部进入接收井内基座上后，应及时做好管片与洞门间隙的密封，做好洞门堵水工作 |
| 过站 | （1）警示隔离：作业现场设置安全警示牌，门口设置门卫，无关人员禁止进入；盾构推进过程中，反力架两侧严禁站人，防止反力架崩坏伤人。<br>（2）特种作业管理：针对盾构机吊装、电焊等风险较大的作业，采用有类似经验的持证人员进行。<br>（3）负环管片与反力架安装：负环管片应与反力架密实紧贴，其环面应与掘进轴线垂直。负环管片应确保支撑稳定；反力架安装时，如果后背墙面不平，必须调整加固，方可推进 |

续表

| 管控重点 | 管控措施 |
|---|---|
| 调头 | （1）盾构设备重量大、体积大，因此起吊、移动调头工作时间长，必须预先编制调头作业方案，做到安全可靠，吊装前做好人员教育交底，吊装过程中做好旁站监督。<br>（2）作业现场设置安全警示牌，门口设置门卫，无关人员禁止进入。<br>（3）盾构调头时必须要有专人指挥，专人观察设备转向状态，避免方向偏离和设备碰撞 |
| 拆卸 | （1）盾构机的运输、吊装由具备资质的专业大件吊装运输公司负责；项目部指定生产副经理负责组织、协调盾构拆卸工作，并组建专业班组，大型吊装过程中做好人员教育交底，并做好全程旁站监督。<br>（2）每班作业前按起重作业安全操作规程及盾构制造商的拆卸技术要求进行班前交底，完全按有关规定执行 |

## 6.3 常见安全问题及标准做法

### 6.3.1 盾构组装阶段

（1）常见盾构组装事故事件：重物坠落事故、挤伤事故、坠落事故、触电事故、机体损坏事故等。

（2）标准做法：

①根据盾构机各部件尺寸和重量清单，选择合适的起吊设备。各部件中一般前盾重量最大，考虑到吊装过程中的不利因素，吊车最大起重量至少为前盾重量的1.2倍，如图6-1所示为前盾吊装。

图 6-1 前盾吊装

②盾构机各部件吊点根据生产厂家提供的图纸布置，以各吊点受力对称不偏心为原则，以保证各吊件在吊装过程中平稳安全为目标。

③根据地质情况、起重设备重量及被吊物重量验算吊装平台的地基承载力，对不满足承载力要求的地基要采取相应的加固措施，如图6-2所示为吊装平台。

图6-2　吊装平台

④根据盾体材料及吊耳材料，同时考虑抗拉及内应力，正确选择焊条；吊耳焊接前，用钢丝刷及砂纸清除焊接位置污质、铁锈；所有吊耳焊接方式严格按照盾构机制造厂家出具的图纸进行焊接，图纸没有明确的以《气焊、手工电弧焊及气体保护焊焊缝坡口的基本形式与尺寸》为依据，如图6-3所示为吊耳焊接。

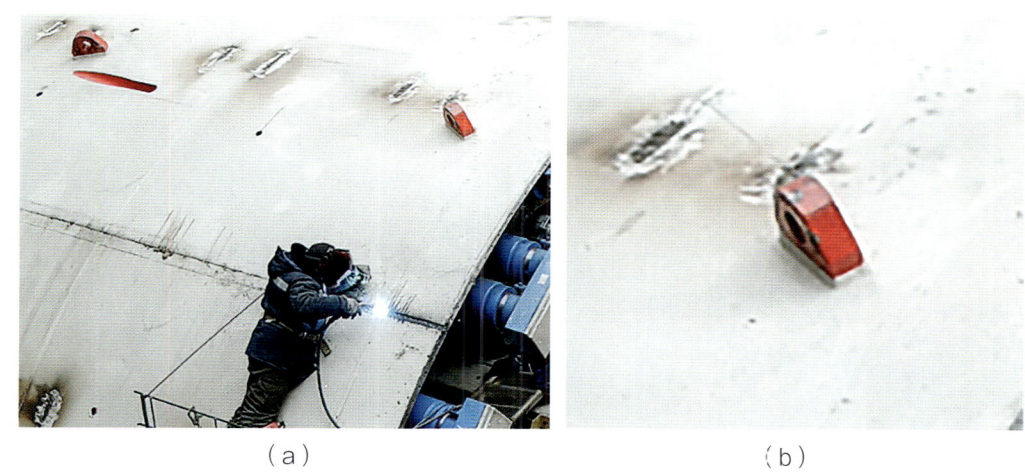

（a）　　　　　　　　　　　　　（b）

图6-3　吊耳焊接

⑤盾构吊装必须由具有资质的专业队伍负责，起重机驾驶员、起重工等必须持证上岗，严禁无证操作。

⑥吊装前对作业人员进行有针对性的安全技术交底。

⑦吊装前应检查吊装设备、吊具的性能以及吊绳是否完好，正式吊装前应进行试吊。

⑧对盾构所有部件的吊装，必须由专人指挥和协调一致，指挥人员应使用统一指挥信号，信号要鲜明、准确，吊机司机应听从指挥，确保操作安全、平稳、可靠，严禁野蛮操作。

⑨明确盾构机吊装的井上、井下作业区域，无关人员严禁进入吊装区域，作业人员进入吊装作业区必须遵守安全纪律。

### 6.3.2 盾构始发阶段（见图6-4）

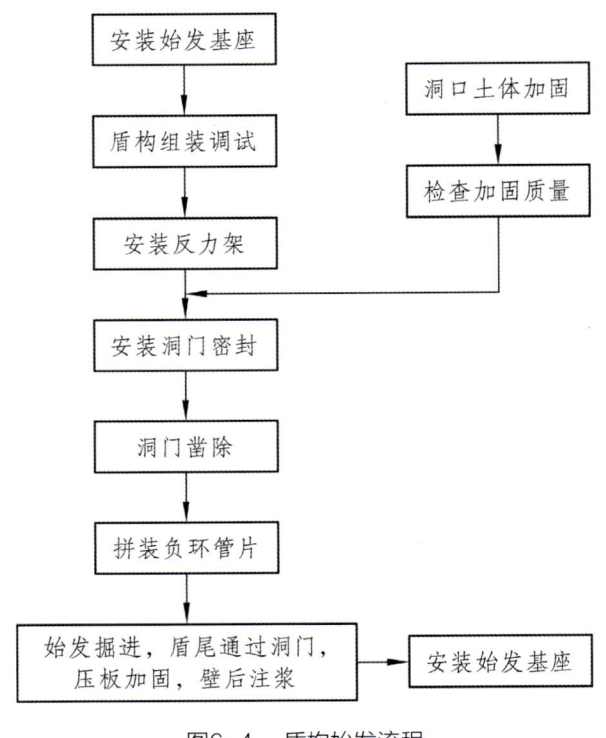

图6-4 盾构始发流程

（1）常见的盾构始发问题：盾构栽头、反力架失稳、端头地面沉降、盾构机偏转、负环管片拆除导致的正式管片位移及伤人事件等。

（2）防止盾构栽头的标准做法。

①定位安装始发托架时，托架平面轴线严格按照设计轴线定位安装，高程整体较设计标高抬高20 mm（设计有要求时按照设计要求预留下沉量），以消减盾构机始发低头误差，如图6-5所示。

②始发拼装负环管片，严格按照盾构机盾尾间隙、油缸行程等去匹配、选型负环管片，图6-6所示为盾尾间隙测量。

③加强始发洞门钢板的复测、实际洞门中线的拟合与盾构机姿态的复测工作。

④加强接收洞门的复测，确定实际洞门中心，确定合理的接收姿态并进行接收段掘进的姿态控制，减小出洞偏差。出洞姿态较实测洞门整体中心抬高20 mm（设计有要求时按照设计要求预留下沉量）。

⑤盾尾进洞前，做好喷锚结合处注浆堵漏处理，如图6-7所示。

图6-5 始发托架安装

图6-6 盾尾间隙测量

图6-7 喷锚结合处注浆堵漏处理

（3）防止反力架失稳的标准做法：

①严格按照设计轴线定位、安装反力架，并且牢固地支撑在始发井结构上。

②按始发推进最大受力工况检算反力架受力，设计足够强度的支撑体系。

③盾构各组千斤顶应均衡推进，上下、左右千斤顶应对称加力，防止反力架受力不均发生上浮或侧倾。

④始发过程中严密监视反力架受力及位移变形情况，及时采取合理措施进行二次加固，如图6-8所示为正确设置反力架。

（4）控制端头地面沉降的标准做法：

①施工前对端头周边环境及管线的现状进行调查，确保环境安全。

②优化配置盾构掘进参数。采用"适当推进力、匀速通过"的方式组织盾构施工，设定合理的土仓压力、出土量等掘进参数。

③及时进行洞门封堵、同步注浆及时跟进，保证填充密实，建立土仓压力，缩短衬砌脱出盾尾的暴露

图6-8 正确设置反力架

时间，并改良浆液配合比，缩短浆液凝固时间。及时进行二次注浆、多次注浆（水泥-水玻璃双液浆）、地面跟踪注浆，合理控制注浆压力（根据经验，上部两个注浆孔的压力控制在0.20~0.25 MPa，下部两个注浆孔的压力控制在0.25~0.30 MPa）。严格控制盾构施工后期地层变形，必要时根据监控量测进行洞内深孔注浆。表6-2为水泥浆及双液浆相关参数，图6-9所示为及时注浆。

表6-2　水泥浆及双液浆相关参数（砂卵石地层）

| 水泥浆/<br>（kg/m³） | 水泥 | 细砂 | 粉煤灰 | 膨润土 | 水 |
|---|---|---|---|---|---|
| 占量 | 200 | 710 | 310 | 100 | 400 |
| 双液浆<br>（单位体积） | 水灰比 | 水泥浆：水玻璃（体积比） | 缓凝剂添加量（水泥用量/%） | 浆液密度/（g/cm³） | 凝结时间/s |
| 参量 | 1:1 | 1:1 | 0~1.5 | 1.44 | 20~48 |

图6-9　及时注浆

④根据盾构始发、接收过程中施工参数、出渣统计及地表沉降各方面情况综合判断风险，始发、接收过程中在现场准备充足的地面安放打孔注浆设备及物资，及时启动地面打孔注浆加固工作，控制施工引起的沉降，如图6-10所示。

图6-10　地面注浆加固

（5）防止盾构机偏转的标准做法。

盾构机刀盘进洞切削掌子面时会产生巨大的扭矩，为了防止此时盾构机壳体在始发导轨上发生偏转，可以在始发导轨两侧的盾构机壳体上焊接防扭装置（采用I18工字钢加工而成），防扭装置每隔1.5 m左右在盾构机两侧各焊接一个，如图6-11所示。随着盾构机的前行，当防扭装置靠近洞门密封时，将之割除，防止其破坏洞门密封。

图6-11　防扭装置

（6）负环管片拆除的标准做法。

①当安装的管片产生的摩擦力足够提供盾构施工推力，方可拆除负环管片。

②拆除负环前，首先对前10环管片采用扁铁+木楔子进行拉紧，如图6-12所示。

③负环从楔形块开始拆除，然后依次由上到下拆除B块、A块，0环管片在洞门施工前拆，如图6-13所示。

④每块管片拆除前先凿开吊装螺栓孔，由管片外侧向内侧安装钢丝绳将管片绑紧。

⑤最先拆除第一环管片时，先用吊车吊好管片，吊稳后，拆掉所有的连接螺栓，再以门吊缓慢匀速地将管片吊起。

⑥顶部管片拆除时，先安装好吊装螺栓，用门吊将管片吊稳后，拆掉纵向螺栓，松开环向螺栓，缓慢地将管片提起一定的高度，管片稳定后，再将管片采用龙门吊吊出。

图6-12 管片拉紧措施

图6-13 负环拆除

### 6.3.3 盾构掘进阶段

（1）掘进过程中常见的问题。

地面沉降或隆起导致的路面开裂及塌陷、管线变形及位移；进仓作业导致的人员窒息、机械伤害、物体打击、触电、高空坠落、土体坍塌及用水；水平运输导致的溜车事故、机械伤害及车辆伤害；盾构穿越破碎带导致的开挖面失稳、注浆效果不佳、防水效果差；盾构穿越既有构建筑物或河流等危险源导致的建筑物倾斜及开裂、作业面透水及螺旋机喷涌等。

（2）控制地面沉降或隆起的标准做法。

①防止开挖面的土水压力不均衡引起变形的措施：土压平衡盾构可通过调整推进速度与螺旋出土器的转速，使压力舱压力与开挖面土水压力相对应。另外，根据需要注入适当的泡沫或水玻璃以增加开挖土体的流塑性。泥水加压盾构可根据开挖

面土层的透水性来调整泥浆特性,并仔细进行泥浆管理,使压力舱压力始终对应于开挖面的土水压力。实施这些开挖面稳定管理的同时,还应根据需要研究相应的辅助施工方法以保证围岩的稳定。

②减小盾构穿越过程中围岩变形的措施:控制好盾构姿态,避免不必要的纠偏作业。出现偏差时,应本着"勤纠、少纠、适度"的原则操作。纠偏时或曲线掘进时需要超挖,应合理确定超挖半径与超挖范围,尽可能减少超挖。土压平衡盾构在软弱或松散地层掘进时,盾构外周与周围土体的黏滞阻力或摩擦力较大时,应采取减阻措施。

③减小盾尾脱出导致地层变形的措施:用同步注浆方式,及时填充尾部空隙;根据地质条件、工程条件等因素,合理选择单液注浆或双液注浆(水泥-水玻璃双液浆),正确选用注浆材料与配合比,以便及时稳定住拼装好的衬砌结构;加强注浆量与注浆压力控制;及时进行二次注浆。

④防止管片环引起变形的措施:为了防止管片环变形,必须严格控制掘进参数、注浆压力和速度等,同时充分紧固接头螺栓,如图6-14所示为管片接头螺栓及连接孔。

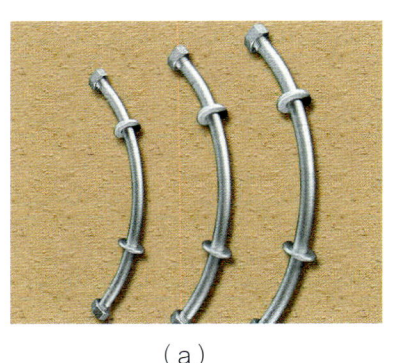
(a)

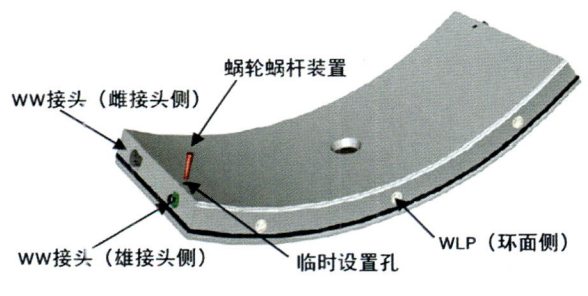
(b)

图6-14 管片接头螺栓及连接孔

⑤防止开挖或衬砌渗漏导致地下水位下降的措施:为了防止从管片接头、壁后注浆孔等部位漏水,必须精细地进行管片组装及防水作业,如图6-15所示为注浆孔。

⑥为防止因地层空洞导致地面沉降,应对隧道上方地层进行雷达探测,如图5-16所示。

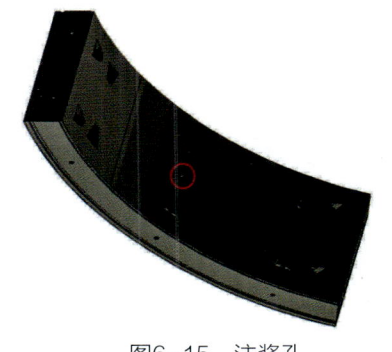

图6-15 注浆孔

图6-16 使用探地雷达对隧道范围内的地面进行孔洞探测

（3）进仓作业的标准做法。

①开仓前要打开仓门泄压球阀口进行气体检测，检测符合要求后方可打开仓门，如图6-17所示。

②打开仓门后，应加强对土仓内进行通风，对仓内的气体进行检测和放入活体动物实验，确认安全后方可进仓检查、作业。

③作业人员必须体检合格，接受针对性的教育和培训，并提前做好体能准备。进仓时必须穿防滑鞋、戴好安全帽等必要的劳动防护用品。

④必须按技术交底要求拆卸隔舱闸门螺栓，闸门螺栓松动后，使之逐渐掀开，确认无泥水涌入，由现场负责人下达开仓指令后，才能旋下剩余螺栓，最后打开仓门；仓门开启时，除开仓人员外，其余人员严禁站在仓门正前方，并由专人锁住仓门并清除仓门口泥土，如图6-18所示为开仓。

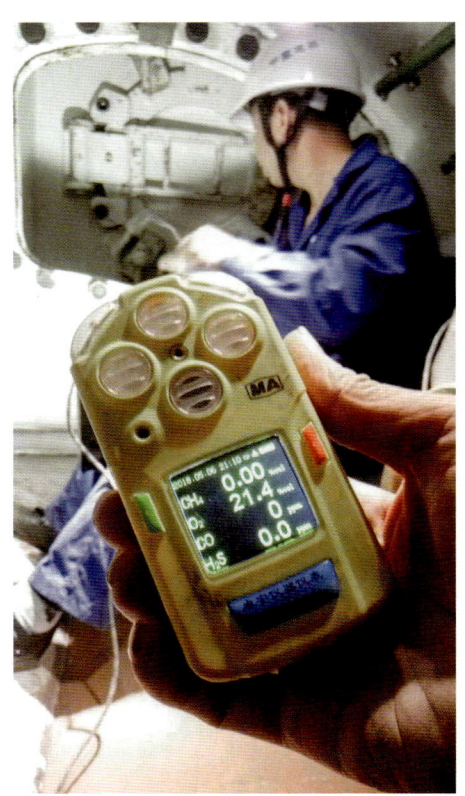

图6-17 进仓前的气体检测

图6-18 开仓

⑤仓门打开后人员先不要急于进仓，经有经验的技术人员明确掌子面和切口处地层稳定后方可进仓进行刀具检查。土仓内检查人员最多不超过2人。

⑥开仓前必须准备好各种工具、材料和急救药品、器具，并有专人检查工具性能及材料到位情况。

⑦土仓内的照明电压要选用24 V的安全电压，照明必须选用防爆灯具。

⑧检查刀具期间，土仓内人员必须随时监视开挖面土体情况，如发现土质变软或含水量变大等不正常情况时，马上停止检查，退出土仓。同时地面监控人员要增加地表监测的频率，发现异常情况必须及时通报现场负责人并采取相应的安全措施。

⑨在进入土仓检测时应注意土仓内的通风和排水，确保检查刀具人员的安全，同时始终保持土仓与人闸室的畅通，以便有紧急情况时检查人员能迅速撤离土仓，如图6-19所示为开仓与进仓。

图6-19 开仓与进仓

（4）水平运输作业的标准做法。

①水平运输车辆在行驶过程中，必须按调度员信号进行行驶，其他职员安排的违章作业应拒绝，其速度应控制在规定的速度范围内（直线5 km/h，曲线及出洞3 km/h），在起动行驶、转弯时要鸣笛，如图6-20所示。

②水平运输车辆只能在安全停车后，才能挂倒挡，严禁利用机车车身进行推撞等不正常作业，禁止超载运输。

③在装载行驶中应留意是否有异常声响，出现异常现象应及时停车。

④逐挡增速，严禁三挡以上起动。

⑤水平运输车辆除驾驶室外其余各节车架上严禁载人，驾驶室内限坐2人。

⑥水平运输车辆司机应坚守岗位，运行中严禁将手、脚、头伸出车外，不可随意离岗、换岗、代岗，严禁在车内睡觉。

⑦水平运输车辆在装货、卸物时，司机必须在操纵室待命。

⑧水平运输车辆停放时用楔铁契牢，严禁重机车停放，图6-21所示为驻车时采取的防溜车措施。

⑨在发生溜车时，司机应迅速起动防溜车紧急制动系统。

⑩盾构渣土卸料区，电瓶车轨道尽头要设车挡及卡轨器，防止机车溜车损坏盾构机部件。

图6-20　水平运输车辆限速行驶

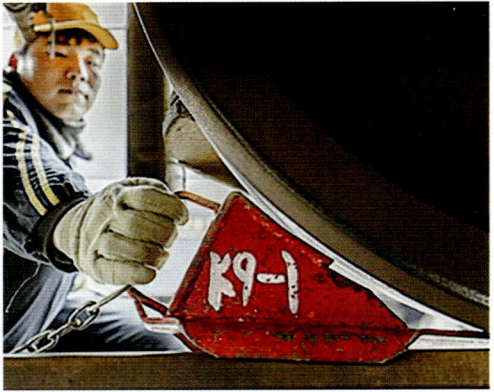
图6-21　驻车时采取防溜车措施

（5）管片拼装的标准做法。

①一般从下部的标准（A型）管片开始，依次左右两侧交替安装标准管片，然后拼装邻接（B型）管片，最后安装楔形（K型）管片，如图6-22所示。

②严禁非管片安装位置的推进油缸与管片安装位置的推进油缸同时收缩。

③同步注浆压力必须得到有效控制，注浆压力不得超过限值。

图6-22　管片拼装

（6）盾构穿越破碎带的标准做法。

①盾构在进、出破碎带前应采取提高刀盘转速、减小刀盘推力的方式进行掘进；盾构在断层带推进时，按照"安全、连续、快速"的施工原则，通过正确操作盾构机，即严格执行泥浆制作工序，适当调高泥浆的密度、黏性和浓度，确保泥浆在强透水性地层中的造墙性和稳定性。

②在进入破碎带前和穿过破碎带后，进行二次补助双液浆，形成止水环，确保地下水不会进入已完隧道与地层间的缝隙，防止隧道上浮。

③同步注浆中选择水硬性浆材作为注浆材料，同时及时注入双液浆进行补强注浆。

④选择性能良好的橡胶止水条，在进行管片的橡胶止水条的粘贴时必须按操作规程进行。

⑤管片拼装时，防止出现错缝、错台等现象。

⑥严格遵守盾构机的操作规则，加强对盾构机姿态的控制，严格控制纠偏量，确保盾构施工安全。

（7）盾构穿越既有构建筑物的标准做法。

①安全鉴定：穿越前对影响范围内的构建筑物委托有资质的单位进行安全鉴定，并出具鉴定报告。

②加固措施：穿越前应根据影响范围内的地质情况，根据方案对地层及构建筑物采取加固措施。

③参数控制：通过合理增大土压力、出土量、推进速度等参数和及时注浆来减弱对周边土体的扰动，减小沉降量。

④纠偏控制：盾构机进入建（构）筑物影响范围之前，将盾构机调整到良好的姿态，并且保持这种良好姿态穿越建（构）筑物，在盾构穿越的过程中尽可能匀速推进，以减少盾构施工对地层的扰动影响。

⑤实时监测：盾构穿越构建筑物期间应全程监测地表沉降及周边建筑物位移变化情况，一旦出现异常变化，立即响应，采取应对措施。

⑥应急措施：配足应急物资，开展应急演练，提高突发事件应对能力，做到有备无患。

（8）盾构穿越河流的标准做法。

①刀具检查：为确保盾构机下穿河流时刀具具备足够的开挖能力，避免在下穿过程中换刀，保证盾构机连续掘进，盾构机在穿越河流前应停机检查刀具并根据检查情况进行刀具更换，如图6-23所示。

（a）

（b）

图6-23 穿越前刀具检查及更换

②盾构机检查：穿越河流前对盾构机刀盘驱动系统、油缸推进系统、压力传感器、螺旋输送机和注浆管路等进行一次全面整机检查，对于存在故障和故障隐患

的机械进行一次全面维修保养，确保盾构机在穿越河流的过程中处于良好的工作状态，保证连续掘进。

③密封性检测：穿越过程中须保证盾尾密封处无渗漏现象，盾尾油脂注入量（≥40 kg）满足要求，管片盾尾间隙正常；铰接密封处无渗漏现象，润滑油脂注入正常，紧急密封气囊配套设备完好，管路连接到位。

④实时监测：盾构穿越河流期间应全程监测河面及周边地面变化情况，一旦出现异常变化，立即响应，采取应对措施，如图6-24所示。

图6-24　实时监测

⑤物资配备：提前准备盾构机易损配件，若出现故障能及时更换；棉纱、木屑、速凝水泥、聚氨酯等应急物资配备到开挖面，数量满足要求；应急发电机（≥150 kW）线路连接到位，可随时启动切换电源；螺旋输送机闸门断电保护蓄能器状况良好，压力表显示值符合要求；螺旋输送机紧急防喷涌聚氨酯注入泵线路、管线连接到位，可随时启用。如图6-25所示为易损配件及耗材的准备。

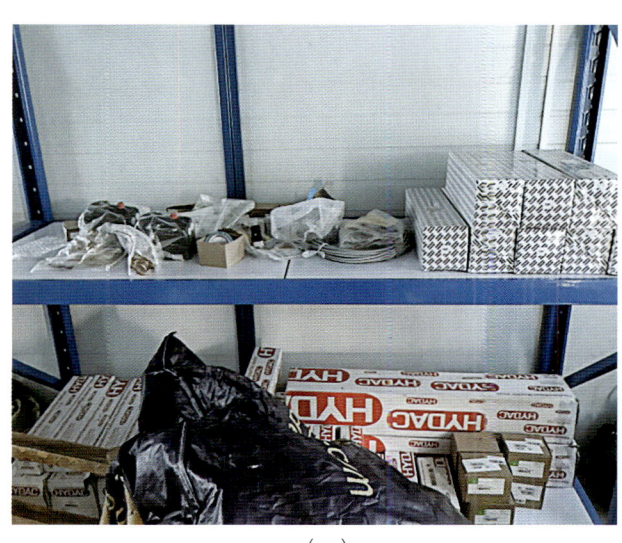

（a）　　　　　　　　　　　　　　（b）

图6-25　易损配件及耗材的准备

⑥推进控制：盾构掘进总推力、刀盘扭矩、推进速度等参数根据地质情况合

理设置（以管片外径为8.3 m的大盾构在泥岩中掘进为例，总推力控制在800~2 000 t（8×10³~2×10⁴kN）、推进速度控制在20~50 mm/min、刀盘转速1.0~2.0 r/min、刀盘扭矩控制在2 000~7 000 kN·m、土压力大于0.6 bar（60 kPa）、出渣量控制值145 m³、同步注浆控制值8 m³），无异常现象；盾构掘进每环出土量不超方，定期进行复核，应制定记录表，填写真实数据；渣土流塑性、稠度改良到位，螺旋输送机出渣口无喷涌现象；同步注浆注入量符合要求，管片脱出盾尾后4环及时跟进二次注浆。

### 6.3.4 盾构机接收阶段（见图6-26）

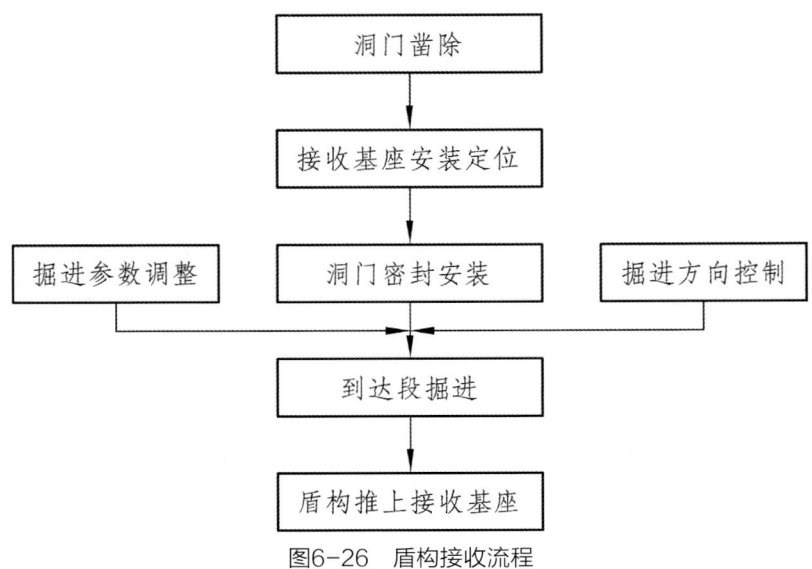

图6-26 盾构接收流程

（1）常见的接收阶段问题：可能涌水涌沙、坍塌等。

（2）标准做法。

①完成端头土体加固工作，端头地面加固注浆孔注浆完后将孔清洗干净，留为盾构机进洞应急时使用，注意封堵管口，防止窜浆。

②盾构到达接收井150 m前，复核盾构轴线和洞门偏差，保证盾构能准确进入接收井。

③接收井的结构强度需达到设计要求，并出具强度报告。

④应根据设计安装好洞门密封装置，橡胶帘布内侧涂抹油脂，避免刀盘刮破帘

布而影响密封效果，如图6-27所示。

图6-27 洞门密封

⑤实测洞门位置和接收井底板标高，确定盾构接收姿态，调整盾构掘进。

⑥监测点（包括分层沉降观测点）已按要求进行埋设，增加地表沉降观测的频次，并及时分析反馈观测结果指导施工。若地表出现较大扰动，应及时采取对应处理措施进行处理，如图6-28所示。

⑦应急物资和人员落实到位。盾构机到达前，在洞口内侧准备好砂袋、水泵、水管、棉被、方木等应急物资和工具，准备洞内、洞外的通讯联络工具和洞内的应急照明设备。图6-29所示为盾构机到达。

图6-28 监测点布设

图6-29 盾构机到达

⑧若发生涌水涌砂事件，应坚持以人为本、科学管理的原则。立刻营救受伤人员，组织撤离或采取其他措施，保护危险区域内的其他人员。采用先进的检测、检验、监测手段、救援装备和技术，迅速控制事态，消除危害后果。

# 第七章 轨行区施工安全管理

## 7.1 概述

地铁轨行区是指地铁区间、车站行车区域、出入段线、正线辅助线、配线、区间风井、区间风道及影响这些区域安全的上方空间以及车辆段、停车场。其中，车站行车区域是指：车站头尾端墙之间的列车行车区域，与车站属地管理的分界，为车站站台边缘内0.8 m，屏蔽门以内（含）。

轨行区内的施工内容是地铁建设中的重要部分，涉及土建工程、轨道工程、装饰装修工程、通信、民用通信、信号、供电、消防、疏散平台、人防、站台门、综合监控、动力照明等多专业施工。而且上述施工内容大多集中在区间贯通后、移交运营单位之前，施工周期较短。

在一定地域和空间范围内进行轨行区范围内施工作业，涉及专业多，交叉作业频繁，甚至人工作业、工程车作业在同一断面进行混合作业。为了保证所有专业施工安全有序的进行，施工作业安排的顺序和时间，材料、工器具的运输及存放，轨排井的封堵，等等，都需要统一协调，统筹考虑。尤其是洞通后轨行区内的施工作业，存在线长、点多、作业面狭小、施工困难、工程轨道车运行频繁、作业人员较多、涉及专业复杂等问题，因此必须形成完善的管理机制和管理体系，才能有效地防止恶性事故的发生。

## 7.2 管控重点及措施（见表7-1）

表7-1 管控重点及措施

| 序号 | 管控重点 | 管控措施 |
|---|---|---|
| 1 | 调度管理 | 1．以统一调度、合理计划、有序可控、动态监管、安全第一为原则，调度计划一经确认，严禁擅自更改。<br>2．着重审批施工日计划。各项目部每日定时提交明日作业计划，调度办组负责统筹调度各专业、各标段施工，合理审批施工作业，避免行车、作业冲突。<br>3．各标段每日向轨行区调度组办理《轨行区作业票》，严格落实凭票准入、作业请销点等制度 |
| 2 | 请销点管理 | 1．指挥部统筹调度各专业、各标段施工，合理审批施工作业，避免行车、作业冲突。<br>2．执行周计划和作业票审批，施工前一日，各标段向指挥部轨行区调度组办理《轨行区作业票》。<br>3．严格落实凭票准入、作业请销点等制度 |
| 3 | 门禁管理 | 1．实行全封闭管理，车站地盘单位对轨行区进行全封闭，车站端部进入轨行区通道处设置带锁的门。<br>2．入口部位安排保安24 h值守，车站地盘单位在轨行区的入口处设置保安值岗，保安保管轨行区入口门钥匙，对进入轨行区的人员进行核查、登记。<br>3．入口部位悬挂"轨行区避让示例"等安全警示标志 |
| 4 | 行车管理 | 1．指挥部统一进行调度，轨行区行车作业必须取得作业票后在规定的时间、地点和区段使用车辆。<br>2．配备专门的便捷式测速仪，对轨道车的速度随时进行检测，并对超速车辆单位进行处罚 |
| 5 | 施工防护 | 1．各标段在轨行区作业时，在作业两端配备防护人员和红闪灯防护，直线区段防护地点设置在作业区段两端各100 m处，曲线区段防护地点应设置在作业区段两端各150 m处。<br>2．轨行区防护员应手持防护信号、对讲机、口哨等防用品，随时观察来车情况，及时提醒作业人员避让轨道车 |
| 6 | 登高作业 | 1．各类登高作业用具均在四周张贴反光贴。<br>2．梯车均设置有效的制动和防倾覆装置。<br>3．登高作业时有不少于一人扶稳登高梯，梯车和脚手架上作业不超过2人 |
| 7 | 材料机具侵限管理 | 1．轨行区内堆放的材料、机具及施工架体不得侵入轨行区行车界限。<br>2．堆放材料必须整齐并有标牌，成堆堆放的材料要求挂牌，注明所属标段及施工负责人联系方式。<br>3．施工完成后，必须做到工完场清、垃圾及时清运 |

## 7.3 标准化做法及常见隐患

### 7.3.1 轨行区管理组织机构

轨行区管理应成立轨行区管理领导小组,下设轨行区调度组、轨行区监督组,如图7-1所示。

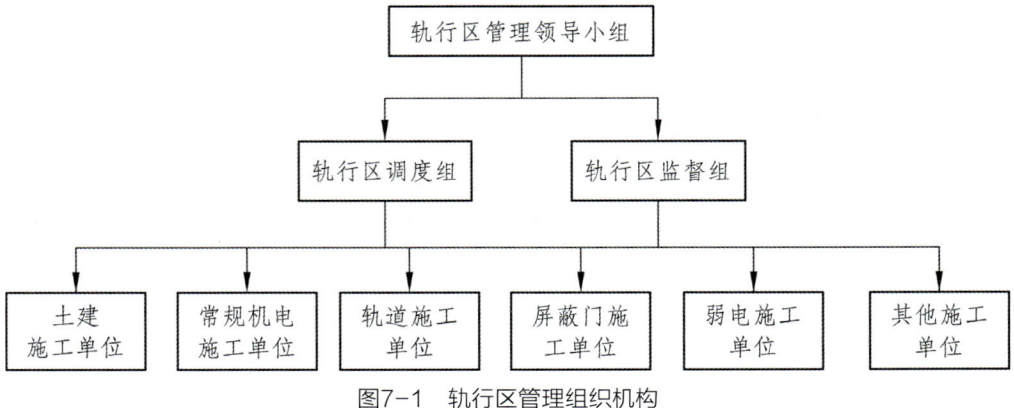

图7-1 轨行区管理组织机构

**1. 轨行区管理领导小组职责**

(1)全面负责轨行区管理,确保轨行区管理组织机构正常运转。

(2)负责组织召开轨行区管理工作会议,分析、总结管理状况,确保轨行区管理工作始终受控。

**2. 轨行区调度组职责**

(1)负责审核、批准轨行区施工周计划,签发轨行区施工、行车周通告。

(2)负责审核、批准轨行区施工日计划,签发《轨行区作业票》及《轨行区行车作业票》。

(3)将轨行区作业周计划、日计划及时通报监督管理组,便于其进行监督管理。

(4)负责对需要开行轨道车的日计划和临时作业计划的审批和签发。

**3. 轨行区监督组职责**

(1)督促轨行区各责任方落实各自职责。

(2)根据调度组反馈的调度指令,对轨行区进行巡查,确保各方按调度指令进行作业。

（3）负责组织轨行区安全、文明施工检查，排查隐患。

（4）负责落实监督管理组反馈的各项轨行区隐患，并组织进行整改。

### 7.3.2 调度及计划管理

要保证轨行区各项工作顺利开展，调度管理是轨行区施工管理中最重要的环节，通过调度集中管理轨行区行车，施工安全才能得到保证，安全、有序的施工秩序更利于整体推进工程进度。

#### 1．施工计划分类

项目施工计划分为计划内施工及临时施工。

计划内施工是指已在审批下达的周计划以内的施工。临时施工是指周计划以外的、且急需完成的，以临时计划方式下达的施工。图7-2所示为轨行区施工计划。

| 序号 | 作业区段 | 施工作业内容 | 作业时间 | 作业人数 | 是否开行工程车 | 轻型车辆或梯车使用情况 | 停送电需求及影响范围 | 现场安全员 | 备注（是否动火） |
|---|---|---|---|---|---|---|---|---|---|
| 1 | | | | | | | | | |
| 2 | | | | | | | | | |

图7-2 轨行区施工计划

#### 2．施工计划申报

进入轨行区的施工及影响轨行区的施工均应纳入轨行区施工计划管理范畴，均必须提报施工计划。

轨行区施工计划管理实行月、周、日计划管理制度，以周计划为主，临时计划为辅。

### 7.3.3 请销点管理

（1）项目部应安排专职调度联络员负责施工计划的申报、施工请销点及轨行区施工协调联系工作。

（2）调度联络员施工当天根据已批准的《轨行区作业票》（详见附表）向调度组调度请点，调度组根据下达的施工计划及实际情况进行批点，施工登记本上应注明施工的具体地点、工程车的走行路径、是否需要环网、接触网停电，以及停电的具体区段、施工时间、结束时间和注意事项等内容。

（3）有轨道车参与施工的，项目部在调度组申请《轨行区行车作业票》。

（4）调度联络员请点后将带有轨行区施工专用章的作业票送至施工现场负责人，地盘管理单位确认并记录后，方可进入轨行区施工。

（5）轨行区内施工必须在规定施工时间内完成施工任务，经全面检查并确认施工人员已出清轨行区，各种施工器具及材料已不影响行车，并达到车辆运行条件，撤除防护信号后，施工带班员向调度联络员报告，由调度联络员向调度组办理销点手续，如图7-3所示。

图7-3 工完场清料尽，达到销点要求

### 7.3.4 门禁管理

车站地盘管理单位应对轨行区进行全封闭管理，如图7-4所示，车站端部进入轨行区通道处设置带锁的门，入口部位悬挂"轨行区避让示例"等安全警示标志，安排保安24 h在入口部位值守。保安负责对进出轨行区施工现场的人员、材料及机具等进行核查、登记，配合施工场地内治安工作的巡视和检查。所有保安应着统一要求的制服，配备安全头盔、对讲机、手电等必要装备。

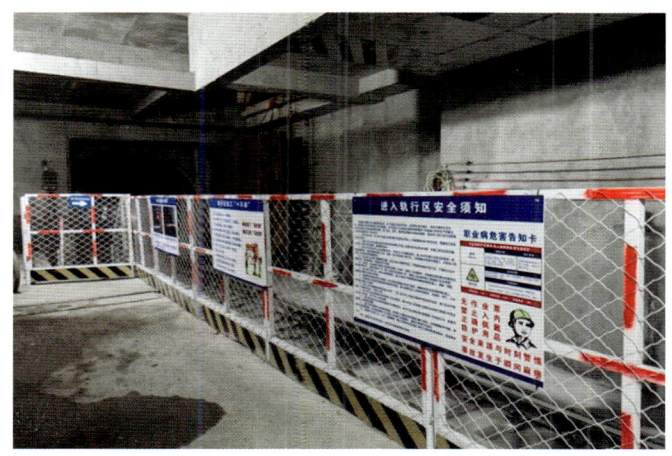

图7-4 轨行区封闭管理

## 1. 施工单位准入制度

各项目部必须遵守"进场、退场有序"的原则，实行队伍准入进场制度，如图7-5所示。

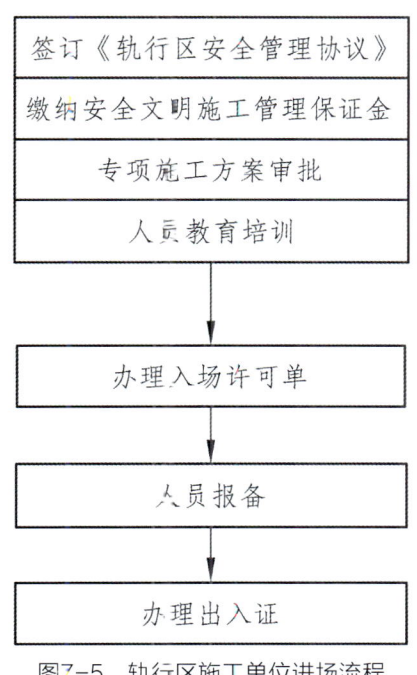

图7-5 轨行区施工单位进场流程

（1）各项目部进场前需与指挥部及轨行区地盘管理单位共同签订《轨行区安全管理协议》，并向轨行区地盘管理单位缴纳安全文明施工管理保证金。

（2）各项目部进入轨行区施工前应编制轨行区安全施工专项方案（详细说明轨行区内施工工艺，所需材料、设备及工机具，施工工序与安全施工方案），报轨行区调度组备案。

（3）各项目部进入轨行区施工前必须向地盘管理单位办理进场作业许可单，未办理许可单的，地盘管理单位有权禁止其进场作业。办理进场许可单需具备以下条件：已缴纳安全文明施工管理保证金、已签订《轨行区安全管理协议》、已编制轨行区施工安全专项方案、已完成作业人员轨行区施工安全教育培训及安全技术交底。

### 2. 人员进出管理

各项目部按要求申请办理出入证，出入证应记录持证人员的基本信息。出入证由轨行区调度组统一制作，签章确认后方可生效，如图7-6所示。

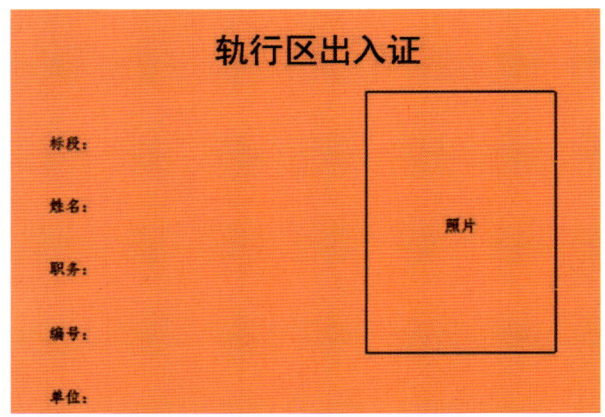

图7-6　轨行区出入证范例

（1）所有施工现场人员均应持出入证（或持证人员陪同），现场保安核实并登记所有人员信息后方能进场和离场。施工作业队若有人员异地离场，应在异地登记，并在备注栏中注明进入时的出入口名称，以便查证。

（2）需要进入轨行区的施工作业队一并出具轨行区作业票，经保安人员核查登记后，方可进入轨行区。

（3）对进入轨行区的作业人员，保安人员应核实其轨行区作业票和出入证后放行。带班人员在施工作业时需随身携带轨行区作业票以备查验。

（4）各项目部首次进入轨行区作业前必须确定本单位作业队的施工带班员（每

个作业组1名）。施工带班员必须为项目部正式职工，不得由施工作业队劳务人员担任。项目部需将施工带班名单和证件（复印件）报调度组审查备案。调度组将带班员资料下发至车站地盘管理单位处，作为出入轨行区的管理依据。

### 3. 设备（或材料、机具）进场准入制度

（1）所有轨行车辆进场前必须要有相关的合格证明文件及检测报告，并在车身显著部位标识所属单位，报调度组备案后，方可投入使用。

（2）由于轨行区场地有限，为合理利用空间及有序施工，轨行区不允许存放非必要的材料、机具、设备等；对于施工中确实需要的材料、机具、设备等，项目部应在不影响行车安全及其他专业施工的前提下制定相应的安全及管理措施，存放区域必须设置隔离及警示标志。如图7-7所示为机具材料验收标志牌。

| 机具名称及型号 | |
|---|---|
| 机具编号（备案号） | |
| 使用责任人 | |
| 检验时间 | |
| 检验情况 | |
| 检验人员 | |

图7-7 机具材料验收标志牌

## 7.3.5 行车管理

### 1. 轨行区封锁等级的划分

根据工程车辆的使用情况，轨行区施工分为无封锁作业、半封锁作业、全封锁作业三种类型，各单位每周所提交的施工计划申请表必须注明本次施工封锁的性质。

（1）无封锁作业区：该地段在全天范围内，既无工程车辆参与施工，也无工程车辆运行通过，该区域称为无封锁作业区，属于纯人工性的作业区段，可以多单位进行穿插作业。

（2）半封锁作业区：该地段无工程车辆参与施工，但由于项目部运输料具的需要，通过申报，获得轨行区调度组的批准，安排工程车牵引其他车辆跨区间进行极少量的往返运行，该范围属于半封锁作业区段。在半封锁作业区，凡是布设区间电

缆、带有大型支架的施工项目、带有大型非动力车辆的施工项目或其他不易撤离线路轨道的作业项目，均不得进行。半封锁区，原则上尽量减少不同单位在施工机械方面的冲突。

（3）全封锁作业区：凡是由工程车辆直接参与的各种施工，该地段属于全封锁作业区。区间无施工，但工程车辆跨区间进行频繁的往返运行，也称为全封锁作业区。在全封锁作业区，除工程车辆所属项目部的现场作业人员、管理人员及监理人员之外，其余所有项目部的一切人员均不得入内。

### 2. 轨行车辆及司乘人员管理

（1）所有轨行车辆进场前必须提供相关的合格证明及检验检测报告，并在车身显著部位标识所属单位，报轨行区调度组备案后，方可进入轨行区。

（2）在工程车出车前和完工后，指定专人负责对机车车辆进行安全性能检查，并认真做好日检、周检记录。机车车辆性能检查主要包括：对货物装载加固情况进行检查、确认，检查机车总风缸、制动主管的压力，检查发动机的润滑油压力、冷却水的温度及其转速等情况。

（3）各轨行区项目部应严格控制小平车、梯车、手推车等小型车辆的使用。小平车、梯车应有有效的制动装置，梯车应有防倾覆装置。上道前，必须对小型车辆进行单位标注及编号，停车作业时应做好防溜措施，如图7-8所示。

（4）轨道车只能搭乘核定人数的施工人员，轨道平板车严禁搭乘任何人员，如图7-9所示。

图7-8　梯车防溜措施

图7-9　轨道平板车严禁搭乘任何人员

## 3. 限速管理

区间最高限速为20 km/h，大件货物运输时的最高限速为10 km/h，工程车运行经过车站、施工区段或曲线时，必须加强瞭望，提前鸣笛示警，最高限速为5 km/h。行车限速标志如图7-10所示。

图7-10 行车限速标志

## 4. 车辆装卸管理

在轨行区运行的列车装载货物必须满足线路的限界要求：

（1）装卸的材料、机具、设备等应稳固，不得偏载、超载和超过机车车辆限界。装载危险物品时，应有可靠的安全措施。如图7-11所示为工程车合理装载货物。

图7-11 工程车合理装载货物

（2）装卸材料必须按照批准的时间作业。每次卸车后，工点负责人应认真检查，确认符合要求后，方可通知车长/调车长开车。

（3）卸料后存在下列情形时禁止开车：

①未清好道或材料机具堆放不稳固。

②有边门的平板车未关好车边门。

③卸车人员未坐稳。

④车内剩余设备、材料偏载未整理好。

## 5. 行车限界管理

（1）当施工可能侵入建筑限界时，必须绘制施工时临时行车限界断面图。

（2）临时行车限界经批准后，项目部应制作临时限界检查架，定期进行检查。必要时由项目部在施工地段的两端按批准的限界设置限界检查门。

（3）超限列车必须通过施工区间时，将由调度组事先通知项目部拆除脚手架等障碍物，并派员会同项目部检查确认符合要求后，才准放行超限界列车。

（4）工程车行驶时，司机和车长必须加强瞭望，准确判断路况，发现异常情况立即停车。

## 6. 停车管理要求

列车到达停车地点后或因其他原因停车，应先做好车辆的防溜措施，如图7-12所示，列车尾部必须挂有尾部标志灯防护，轨道端头设置车挡。

图7-12　工程车防溜措施

## 7. 道岔管理

（1）轨行区管理单位必须设置专人负责道岔扳道，根据行车需要负责配合施工单位扳道。

（2）道岔岔尖必须用钩锁器固定，如图7-13所示。

（3）非轨行区管理单位，严禁私自扳动道岔。

（4）轨道车辆通过道岔前，应停车确认道岔已扳动至正确位置后方可通过。

图7-13 道岔钩锁器

### 7.3.6 施工防护管理

（1）轨行区内施工人员必须配齐安全帽、反光背心、防护信号灯、对讲机、口哨等劳保用品和防护用品，如图7-14所示。劳保用品和防护用品配备标准：

①红旗和黄旗：施工区域两端防护员各配备1套，用于地面线昼间的轨行区施工防护。

②红灯和黄灯闪光灯：施工区域两端防护员各配备1套，用于地面线夜间或地下线轨行区施工防护。

③对讲机：至少配备3部对讲机，施工带班员及两端防护员各配备1台，用于防护员与被防护的施工人员以及防护员之间的联络。

④口笛或口哨：施工区域两端防护员及施工带班员各配备1支，用于警示施工人员注意来车。

⑤反光背心：所有进入轨行区的作业人员必须穿戴，用于增加穿着者的安全可视距离。

⑥配备足够的消防器材：确保轨行区内动火作业及机械设备运用消防安全。

⑦垃圾袋：用于清理作业过程中产生的建渣、垃圾或其他废弃物。

⑧防护信号灯、反光背心及消防器材等相关用品进入轨行区前必须标识清楚所属单位，以便调度组及其他检查人员进行有效辨识。

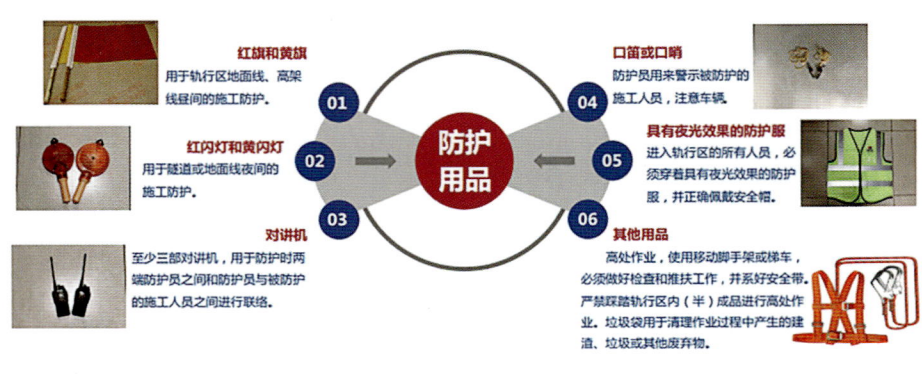

图7-14 轨行区施工防护用品

（2）防护工作要坚持"谁防护、谁撤除"的原则，防护一旦设置，其他人员不得擅自挪移、更改防护装置。轨行区作业必须在作业两端配备防护人员和红闪灯防护。直线区段防护地点设置在作业区段两端各100 m处；曲线区段防护地点应设置在作业区段两端各150 m处。轨行区防护员应手持防护信号、标志并随时观察来车情况，不得擅离职守，如图7-15所示。

图7-15 施工防护

（3）有工程车辆在区间作业时，轨行车辆停车作业时，应在作业面两端外方100 m处放置红闪灯防护，曲线为两端外方150 m处设立防护。

（4）在未施工轨行区线路临时尽头处设置防溜枕木车挡（临时车挡），车挡前方5 m处安装停车红牌，红牌反光面面向来车方向。正在施工端的尽头处采用红闪灯进行防护，红闪灯设置在距施工作业面100 m处，曲线地段为150 m处。

（5）进入轨行区内所有人员均应掌握正确避让轨行车的姿势。

轨行区内，避让人员应面向来车，背部紧贴管片或侧墙，脚踩手孔或道床外侧。

当轨行区内堆放有材料或机具时，避让人员应避开材料或机具，不得踩踏在材料或机具上方避让，如图7-16所示为正确避让轨行车姿势，图7-17所示为错误避让轨行车姿势。

图7-16　正确避让轨行车姿势　　　　图7-17　错误避让轨行车姿势

### 7.3.7　登高作业管理

（1）各类登高作业用具均在四周张贴反光贴。

（2）梯车均设置有效的制动和防倾覆装置，如图7-18所示。

（3）登高作业时有不少于1人扶稳登高梯，梯车和脚手架上作业不超过2人。

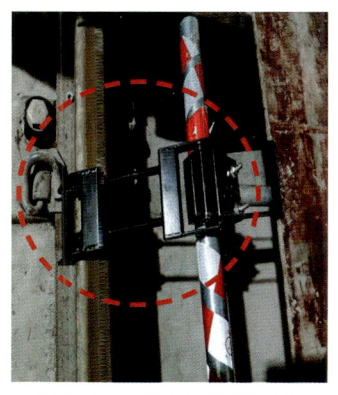

图7-13　梯车防倾覆装置

（4）使用移动脚手架或梯车，必须做好检查和推扶工作，并系好安全带。严禁踩踏轨行区内（半）成品进行高处作业。如图7-19所示为利用梯车进行高空作业。

### 7.3.8 材料机具侵限管理

轨行区内堆放的材料、机具及施工架体不得侵入轨道车行车限界，如图7-20所示；施工时，临时堆放的材料和机具不得侵入道床范围，且堆放整齐；施工完毕，必须做到工完场清。图7-21所示为轨行区内材料机具堆放侵限。

图7-19 利用梯车进行高空作业

（a） （b）

图7-20 轨行区内材料堆放避开行车限界

图 7-21 轨行区内材料机具堆放侵限

# 第八章 防汛施工安全管理

## 8.1 概述

地铁工程多为地下结构，且埋深较深，周边水系倒灌、断头管涌水、高边坡失稳等，汛期防汛风险极大，极易造成重大安全事故及设备、财产损失。为保障汛期建设工程施工安全，应本着"防大汛、抢大险、抗大灾、科学防控"的工作原则，以"基坑沉降变形控制在设计允许范围内、不影响市政管网周边建构筑物安全、迁改及封堵后管网无隐患、基坑及结构不积水"为工作目标，确保地铁施工安全度汛。

## 8.2 管控重难点及措施（见表8-1）

表8-1 城市轨道交通工程防汛安全管控重难点及措施

| 序号 | 管控重难点 | 管控措施 |
|---|---|---|
| 1 | 周边水系倒灌 | 1. 基坑周边设截排水沟，宜采用C20混凝土，汛期需及时清掏，做好防渗漏措施。<br>2. 汛期施工的出入口、风亭等，宜安装视频监控，与主体结构接口处均宜做全封闭、30 cm厚的钢筋混凝土挡墙。<br>3. 临河（沟渠）施工作业基坑宜设置红外夜视探头，落实单独逃生通道，汛前确定近10年内河流（沟渠）的最高水位 |
| 2 | 周边管网风险 | 1. 汛期前应摸清管网型号及走向，对基坑周边管网进行全面排查，雨污水断头管必须"双重封堵"，封堵宜采用C30混凝土，封堵长度至少大于管径30 cm。<br>2. 附属结构与主体结构接口处宜采用钢筋混凝土挡墙全封闭。<br>3. 与管线单位建立沟通机制，确保出现问题时能快速到场解决 |
| 3 | 高边坡风险 | 临时边坡超过使用年限的，由设计单位出具加固方案，尽快完善边坡加固工作，完善周边排水系统 |
| 4 | 区间滞后沉降风险 | 1. 盾构及暗挖滞后沉降、工地周边雨污水长期渗漏等塌陷风险较高区域宜针对性采取地质雷达扫描，扫描出的异常区域位置需进行探孔排查，并加固到位。<br>2. 盾构施工过程中因不具备加固条件，无保护措施穿越主城区老旧房屋的区域，宜采用洞内深孔注浆等措施进行加固到位。<br>3. 对软弱地层等地质较差区域加强巡查 |
| 5 | 既有线换乘站风险 | 既有线施工站点与运营线路接口处需做全断面钢筋混凝土结构封堵，确保防水、防尘、防烟、防异味；与在建线路通道接口应施做不低于2 m的钢筋混凝土挡墙，并用砖砌体结构全封闭；同时建立防汛专项应急预案 |

## 8.3 标准做法及常见防汛安全隐患

（1）防汛一张图。

项目部应结合工程进度、线路区位特点和以往防汛工作经验，提前进行重大防汛风险识别踏勘，修订及完善"防汛一张图"，明晰本工点防汛风险源类别及位置、防汛应急物资储备位置、应急抢险程序、应急抢险报警电话等，并在施工现场醒目位置张贴，确保防汛抢险工作有序、规范，如图8-1所示。

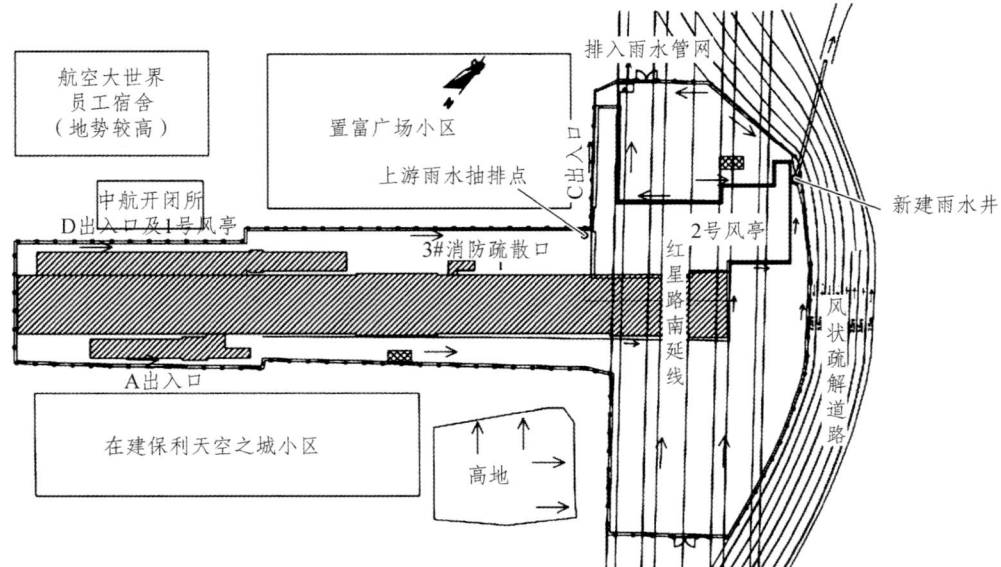

图8-1 防汛一张图

说明：
昌公堰站（原庙儿堰站）主体车站、A出入口、D出入口及1号风亭已封顶，C出入口及2号风亭、3号疏散通道正进行土方开挖施工，处于汛期施工。C出入口及2号风亭施工时废除雨水箱涵，新建一座临时雨水井，通过雨水井将雨水排至原水渠。

图例：
—— 主体结构轮廓　▭ 重要建构筑物　—— 挡水坎　● 水泵抽排点
—— 附属结构轮廓　▭ 自然高地　▭ 集水井、沉淀池　→ 场内排水方向
—•— 工区围挡　～ 河流沟渠　→ 场外排水方向　▨ 应急物资堆放点
—— 场内排水沟　▨ 已封顶结构

（2）为防止周边雨水汇集流入车站基坑，基坑周边必须设置挡水墙。

基坑周边挡水墙宜为钢筋混凝土结构，挡水墙厚度不低于30 cm，混凝土强度不低于C20，钢筋须稳固锚入地下，如图8-2所示。

（3）为防止基坑积水较多，并及时抽排地面积水，基坑顶周边设置排水沟。

基坑周边设置截排水沟，宜采用C20混凝土，深度40 cm，宽度45 cm，水沟上加盖格栅板，水沟内积水引入降水井管或沉淀池。汛期需及时清掏，做好防渗漏措施，如图8-3所示。

（4）为防止汛期给排水断头管道破损涌水，应提前做好周边断头管封堵。

严格落实雨污水断头管"双重封堵"，临近基坑侧与检查井两侧均进行封堵，封堵宜采用C30混凝土，封堵长度至少大于管径30 cm，如图8-4所示。

(a) (b)

图8-2 挡水墙标准做法及周边雨水汇集流入车站基坑

(a) (b)

图8-3 基坑顶周边排水沟标准做法及基坑抽排水

(a) (b)

图8-4 断头管封堵标准做法及基坑周边断头管破损涌水

（5）为防止汛期周边市政管网排水不畅导致基坑进水，应提前做好市政管网病害治理。

一是认真排查治理临近基坑、盾构隧道进出洞、中间风井、暗挖拱顶上方的雨污水管，完善汛期管网一张图，明确管线与基坑的位置关系，制订专项防范方案，并明晰责任人。二是及时完成周边管网疏通，确保汛期排水畅通，对基坑周边存在1.0 m以上的雨污水、自来水等重要管线的工点，及时调整围护桩施工方案（建议密排围护桩或咬合桩），如图8-5所示。

（a）

（b）

图8-5 市政管网病害治理及基坑周边市政管网排查治理不到位导致汛期涌水

（6）为防止基坑周边河流、沟渠汛期雨水倒灌，应提前做好周边水系防范。

项目部应对各自工地周边河流、沟渠进行排查，汛期安排专人进行巡视，统计每年汛期高峰时各河道、排洪渠的流量，并制定有效防范措施；建立与河道管理处的应急联系机制，提前落实低洼处河道、排洪渠的封堵措施，防止暴雨时水流倒灌。排查基坑边河道是否因为土方作业造成淤堵，并及时疏通，如图8-6所示。

（a）

（b）

图8-6 周边水系排查及基坑周边沟渠雨水倒灌

（7）为防止雨水经由附属出入口流入车站主体结构，应提前采取防汛措施。

对主体结构已完成，附属正在施工的所有工点，附属结构与主体结构接口处宜做1.5 m高、0.3 m厚的钢筋混凝土挡墙。对附属基坑周边存在雨污水、自来水等重要管线的工点，在附属与主体结构接口处必须采用钢筋混凝土挡墙进行全封闭；出入口处雨棚下部挡水功能应定期检查，出入口雨棚下部结构必须进行防水处理，防止雨水流进车站。汛期地势低洼处出入口宜砖砌24墙封闭，砌筑高度不低于50 cm，如图8-7所示。

图8-7　附属结构施工时防汛措施

（8）站后工程施工期间，应对车站附属结构外墙穿墙套管进行封堵。

对正在进行站后工程施工的工点，为防止雨水经由附属结构外墙穿墙套管流入站内，宜对穿墙套管采用钢盖板进行封堵，如图8-8所示。

图8-8　附属结构穿墙套管封堵

（9）已移交运营的既有线防汛措施。

项目部应成立防汛抢险应急救援队，全面排查消缺阶段渗漏水隐患问题突出的站点，制定有效防控措施。项目部重点排查：预留出入口、紧急疏散通道、风亭风井、电梯地面出口、集中冷站穿墙管、市政接驳通道口、接入市政管网管道检查井挡排水情况。同时结合工程实际提前制定封堵隔离措施，防止雨水侵入既有线，如图8-9所示。

(a) (b)

图8-9 防汛抢险应急救援及汛期雨水涌入已运营车站

（10）未移交运营的既有线防汛措施。

汛期，附属结构施工且与既有线联通的工点，与运营线路接口宜做不低于2 m的钢筋混凝土挡墙，并用砖砌体结构实现全封闭。与在建线路通道接口应做全断面钢筋混凝土结构封堵；与运营公司应建立联络机制，如图8-10所示。

图8-10 未移交运营的既有线防汛标准做法

（11）应急物资库应设在工地现场，由站点专职安全员负责日常管理，库房尺寸根据站点大小及库存物资的多少设置。库房外设置明显的应急物资中心库标志及管理人员名字及电话号码，每个物资库房进行编号，如图8-11所示。

（a）

（b）

图8-11　现场防汛应急物资库房及排水泵车

（12）项目部宜按照《地铁建设工程防汛物资标准配备清单》（推荐）进行物资配备（见表8-2），并上墙张贴，库房内根据物资的种类和大小设置不同高度的储物架，分两侧放置，并准确标示物资设备的名称、型号、数量。库房钥匙放置于值班室，确保紧急情况快速取用物资。各既有线施工站点，项目部应配备毫米级便携式真空盘吸泵。

表8-2　地铁建设工程防汛物资标准配备清单（推荐）

①主要设备清单。

| 序号 | 机械名称 | 规格 | 数量/台 |
|---|---|---|---|
| 1 | 潜水泵 | 30 m³/h | 8 |
| 2 | 污水泵 | 7.5 kW/130 m³ | 4 |
| 3 | 污水泵 | 300 m³/h | 2 |
| 4 | 钻机、双液注浆泵 | 0.5 MPa、120 L/min | 1台·套（仅土建施工时配备） |
| 5 | 发电机组 | 150 kW以上 | 1（现场存放） |
| 6 | 交流电焊机 | BX3-500 | 2 |
| 7 | 乙炔割枪 |  | 2 |

②主要物资清单。

| 序号 | 物资名称 | 单位 | 数量 |
|---|---|---|---|
| 1 | 水管 | 米 | $\phi 90/\phi 85/\phi 50$ 等和水泵配套的水管不少于 500 米 |
| 2 | 注浆管 | 米 | 100（仅土建施工时配备） |
| 3 | 钢管 | 吨 | 5（仅土建施工时配备） |
| 4 | 工字钢 | 吨 | 5（仅土建施工时配备） |
| 5 | 与基坑宽度匹配的钢支撑 | 根 | 3（仅土建施工时配备） |
| 6 | 钢板 | 张 | 5（2 m×4 m×20 mm 厚）或同等面积（仅土建施工时配备） |
| 7 | 围挡板 | 米 | 总长 120 m（高度不低于 2 m）（仅土建施工时配备） |
| 8 | 手推车 | 个 | 6（分工点存放） |
| 9 | 配电箱 | 个 | 二级 2 个，三级 8 个 |
| 10 | 照明灯具 | 套 | 10 |
| 11 | 应急灯 | 个 | 10 |
| 12 | 推车式灭火器 | 台 | 2 |
| 13 | 雨靴 | 双 | 30 |
| 14 | 氧气面罩 | 套 | 20 |
| 15 | 安全带、安全绳 | 根 | 30 |
| 16 | 方木 | 方 | 5 |
| 17 | 编织袋 | 只 | 3 000 |
| 18 | 砂 | 方 | 10 |
| 19 | 铁锹 | 把 | 50 |
| 20 | 袋装水泥（联系最近盾构单位取用） | 吨 | 5 |
| 21 | 反光背心 | 套 | 50 |
| 22 | 锥形桶 | 支 | 50 |
| 23 | 警示带 | 卷 | 10 |

续 表

| 序号 | 物资名称 | 单位 | 数量 |
|---|---|---|---|
| 24 | 氧气瓶 | 只 | 2 |
| 25 | 乙炔瓶 | 只 | 2 |
| 26 | 急救药箱 | 只 | 1 |
| 27 | 担架 | 副 | 1 |
| 28 | 对讲机 | 台 | 10 |
| 29 | 柴油 | 升 | 180 |
| 30 | 电缆 | 米 | 300 |
| 31 | 应急沙袋 | 只 | 1 000（500×700） |
| 32 | 黄土/黏土 | 方 | 5 |
| 33 | 篷布 | 床 | 2（8×15 m） |
| 34 | 扎丝（10厘米长） | 把 | 100 |
| 35 | 钢丝钳 | 把 | 10 |
| 36 | 棉被 | 个 | 5 |

（13）各工地应急物资库宜至少备用2台应急污水泵（抽水能力达每小时300立方米以上）。用硬质钢管连接，提前放入基坑底部，做到合闸即用，且每月进行水泵接管、接电演练，每周对备用水泵的良好性能进行检验；其他应急水泵，均应提前完成接电、接管，确保应急时能第一时间拿到处置现场，如图8-12所示。

（a） （b）

图8-12 现场防汛应急水泵设置

（14）项目部根据汛期施工实际，每年汛期至少开展一次防汛应急演练，演练应贴近实战，并保留演练记录。同时形成区域联动应急机制，由指挥部统一指挥，资源共享，做到一方有难八方支援，如图8-13所示。

（a）　　　　　　　　　　　　　　　（b）

图8-13　防汛应急演练

（15）汛期发生险情时，各单位应按照信息报送要求及时将险情报送至应急指挥中心，报送信息要做到"首报要快、续报要准、终报要全"。如图8-14所示为汛期突发事件信息报送模板。

1、事件首报模板
模板：2020年7月2日19时00分，轨道交通XXX号线X期工程X标段施工单位_____，监理单位_____，投融资单位_____；在_____地点发生了一起 基坑涌水 事件，目前现场情况：已准备好应急物资设备，正接泵抽排 ,，已采取的措施 已对基坑内的人员进行了疏散 。

2、事件续报模板
模板：轨道交通__号线__期工程__事件（续报第_次,_:_分）：20_年_月_日，轨道交通__号线__期工程__标段施工单位_____，监理单位_____，投融资单位_____；在 XX车站附属结构 地点进行 主体结构施工 作业，发生 一起洪涝灾害 事件，现场 基坑内积水约1.5M ，基坑内人员已全部撤离。目前 业主代表、监理、指挥部相关人员已到现场指挥，预计2小时内完成处理 。

图8-14　汛期突发事件信息报送模板

# 第九章 起重吊装安全管理

## 9.1 概述

地铁施工常常涉及材料吊装、盾构吊装、铺轨小门吊吊装等工序，常用的吊装设备有塔式起重机、龙门式起重机、汽车式起重机，使用量大，使用环境复杂，若管理不到位，设备带病作业或人员违规违章操作，极易发生起重设备事故。

## 9.2 起重吊装及起重机械安装拆卸工程危险性分级

由于起重吊装及起重机械安装拆卸工程危险性较大，根据住建部《危险性较大的分部分项工程安全管理规定》（住建部令第37号），将起重吊装及起重机械安装拆卸工程分为超过一定规模危险性较大的起重吊装、危险性较大的起重吊装。

### 9.2.1 超过一定规模危险性较大的起重吊装

（1）采用非常规起重设备、方法，且单件起吊重量在100 kN及以上的起重吊装工程。

（2）起吊重量在300 kN及以上，或搭设总高度在200 m及以上，或搭设基础标高在200 m及以上的起重机械安装或拆卸工程。

### 9.2.2 危险性较大的起重吊装

（1）采用非常规起重设备、方法，且单件起吊重量在10 kN及以上的起重吊装工程。

（2）采用起重机械进行安装的工程。

（3）起重机械拆卸和安装工程。

## 9.3 起重设备事故分类

### 9.3.1 重物坠落事故

重物坠落事故包括：脱绳事故、脱钩事故、断绳事故、吊钩断裂事故。

### 9.3.2 挤伤事故

挤伤事故包括吊具或吊载与地面物体间的挤伤事故、升降设备的挤伤事故、机体与建筑物间的挤伤事故、机体回转挤伤事故、翻转作业中的挤伤事故。

### 9.3.3 坠落事故

坠落事故包括从机体上滑落摔伤事故、机体撞击坠落事故、轿厢坠落摔伤事故、制动下滑坠落事故。

### 9.3.4 触电事故

触电事故包括室内作业触电事故、室外作业触电事故。

### 9.3.5 机体毁坏事故

机体毁坏事故包括断臂事故、倾覆事故、机体摔伤事故、相互撞毁事故。

## 9.4．管控重点及措施

起重设备安全管控重点及措施如表9-1所示。

表 9-1 起重设备安全管控重点及措施

| 管控重点 | 管控措施 |
|---|---|
| 盾构吊装 | （1）编制吊装方案，组织人员制订详细的吊装方案与计划，同时组织有经验的经过技术培训的人员组成吊装班组。<br>（2）起重设备履带吊机工作区应铺设钢板，防止地层发生不均匀沉陷，大件吊装时必须有 90 t 以上的吊车辅助翻转，吊装前做好人员教育交底，吊装过程中做好旁站监督。<br>（3）起吊构件时，吊索要保持垂直，不得超出起重机回转半径斜向拖拉，以免超负荷和钢丝绳滑脱或拉断绳索而使起重机失稳。起吊重型构件时应设牵拉绳。<br>（4）起重机吊装时，臂杆提升、下降、回转要平稳，不得在空中摇晃，同时要尽量避免紧急制动或冲击震动等现象发生 |
| 铺轨小门吊吊装 | （1）编制吊装方案，组织人员制订详细的吊装方案与计划，同时组织有经验的经过技术培训的人员组成吊装班组。<br>（2）走行轨支墩安装牢固，接头处支墩加密。走行轨安装严格控制几何尺寸，两股钢轨轨距、高差及曲线地段超高设置需满足龙门吊安全走行要求。<br>（3）起重设备，根据吊装的道床钢筋、组装的轨排、浇筑的混凝土重量，经承载力分析后选择合适的吨位小门吊。<br>（4）多台小门吊同时作业时，要专人指挥，口令统一、清晰，司机操作熟练，配合默契 |
| 重物（人）坠落 | （1）高处的通行走台、休息平台、转向用的中间平台，以及高处作业平台等，设置安全防护。<br>（2）散件必须装载于吊笼内。<br>（3）高处作业必须系挂安全带 |
| 机体毁坏 | （1）科学设计，避免悬臂设计不合理或者有缺陷。<br>（2）地基承载力必须满足起吊要求，严禁在松软地层起吊。<br>（3）严禁支腿未全部打开、超载等起吊。<br>（4）设置防风夹轨器、车轮止垫、固定锚链等防倾覆措施 |
| 安拆管理 | （1）安拆前，安拆单位应编制安拆专项方案，项目部应组织专家论证并与设备安装、拆卸单位签订安全协议书。<br>（2）安拆时，应进行危险作业申请，报监理验收签发吊装令，做好旁站监督。<br>（3）安装后，项目部应组织设备供方、安装、使用和监理等单位进行联合验收，填写验收表，联合验收合格后方可投入使用 |
| 行为管理 | 加强人员起重吊装教育培训、起重吊装安全技术交底，严格遵守"十不吊"原则，杜绝人的不安全行为发生 |
| 过程管控 | （1）起重吊装前由安全员、工区经理、现场监理对吊装环境进行确认合格后并开具吊装令方可起吊。<br>（2）起重吊装时安全员进行全程旁站，确保吊装安全 |

## 9.5 起重吊装机械设备使用标准做法

### 9.5.1 基本要求

#### 1. 编制专项吊装方案

涉及起重设备安拆及吊装作业的应编制专项方案，安拆方案应由安拆单位编制，经安拆单位技术负责人审定后，报项目部所属公司总工程师审批。需要专家论证的，项目部按要求组织专家论证。

#### 2. 安拆设备管理流程（见图9-1）

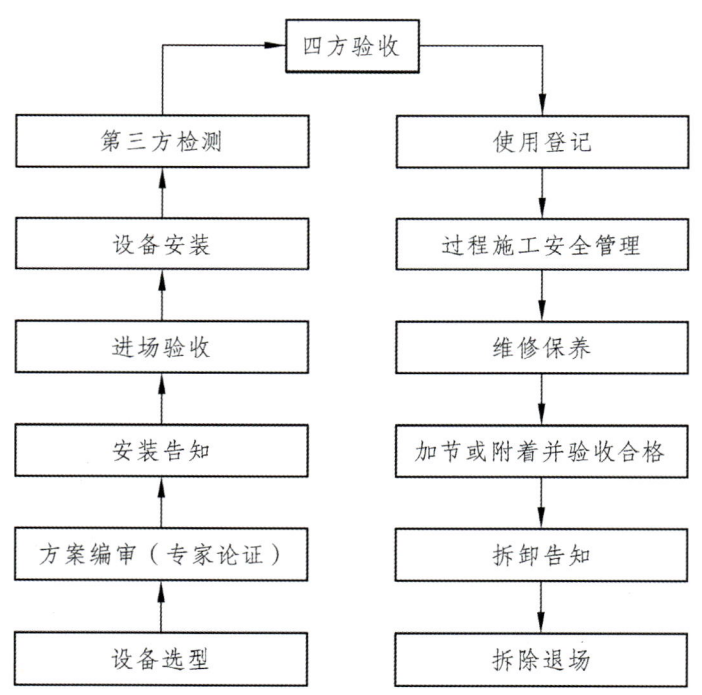

图9-1 安拆设备管理流程

#### 3. 钢丝绳

绳卡距绳头不得小于140 mm（至少3个绳卡），绳卡滑鞍（夹板）应在钢丝绳承载时受拉的一侧，"U"形螺栓应在钢丝绳的尾部，不得正反交错。图9-2所示为绳卡设置，图9-3所示为绳卡安装顺序。

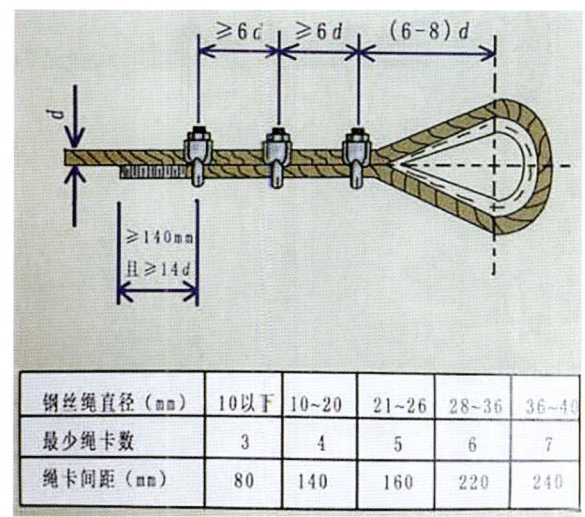

图9-2 绳卡设置

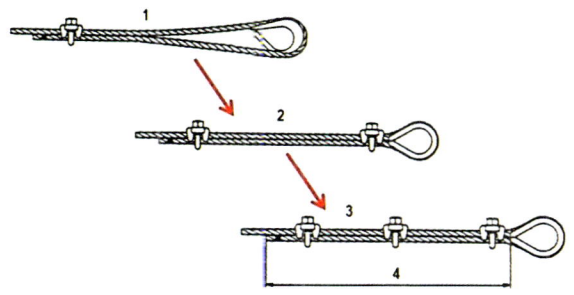

图9-3 绳卡安装顺序

钢丝绳断丝达到10%，要报废，钢丝绳出现扭拧死结、死弯、压扁、股松、明显波浪形、钢丝外飞、绳芯挤出以及断股等现象，要及时报废，如图9-4所示。

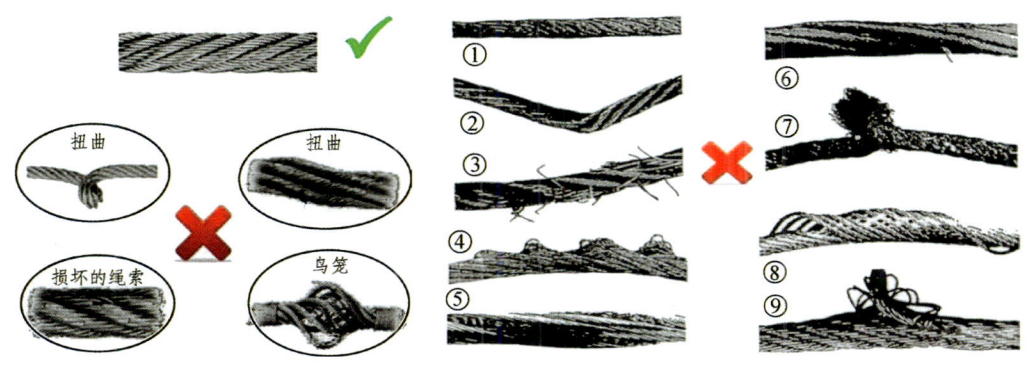

图9-4 钢丝绳报废情况

起重机械钢丝绳报废标准见表9-2。

表 9-2　起重机械钢丝绳报废标准

| 采用的安全系数 | 钢丝绳规格 | | | | | |
|---|---|---|---|---|---|---|
| | 6x19+1 | | 6x37+1 | | 6x61+1 | |
| | 交互捻 | 同向捻 | 交互捻 | 同向捻 | 交互捻 | 同向捻 |
| 6 以下 | 12 | 6 | 22 | 11 | 36 | 18 |
| 6~7 | 14 | 7 | 26 | 13 | 38 | 19 |
| 7 以上 | 16 | 8 | 30 | 15 | 40 | 20 |

钢丝绳锈蚀或磨损时报废标准的折减系数见表9-3。

表 9-3　钢丝绳锈蚀或磨损时报废标准的折减系数

| 钢丝绳表面锈蚀磨损量 /% | 10 | 15 | 20 | 25 | 30~40 | 大于40 |
|---|---|---|---|---|---|---|
| 折减系数 | 85 | 75 | 70 | 60 | 50 | 报废 |

## 4．吊钩和吊环

吊钩、吊环严禁补焊，出现下列情形时要进行更换。

（1）表面有裂纹、破口。

（2）吊钩挂绳处断面磨损超过高度的10%。图 9-5所示为正常及需报废吊钩。

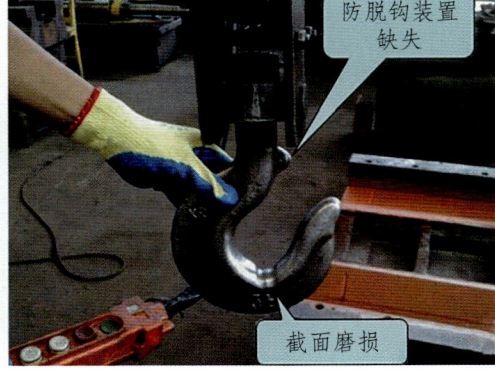

（a）正常吊钩　　　　　　　（b）需报废吊钩

图9-5　正常及需报废吊钩

5. 起重作业"十不吊"

①指挥信号不明不吊;②斜牵斜吊不吊;③吊物重量不明或超负荷不吊;④散物捆绑不牢或物料装放过满不吊;⑤吊物上有人不吊;⑥埋在地下物不吊;⑦机械安全装置失灵或带病时不吊;⑧现场光线阴暗、不清楚吊物起落点时不吊;⑨棱刃物与钢丝绳接触无保护措施时不吊;⑩六级及以上强风时不吊,如图9-6所示。

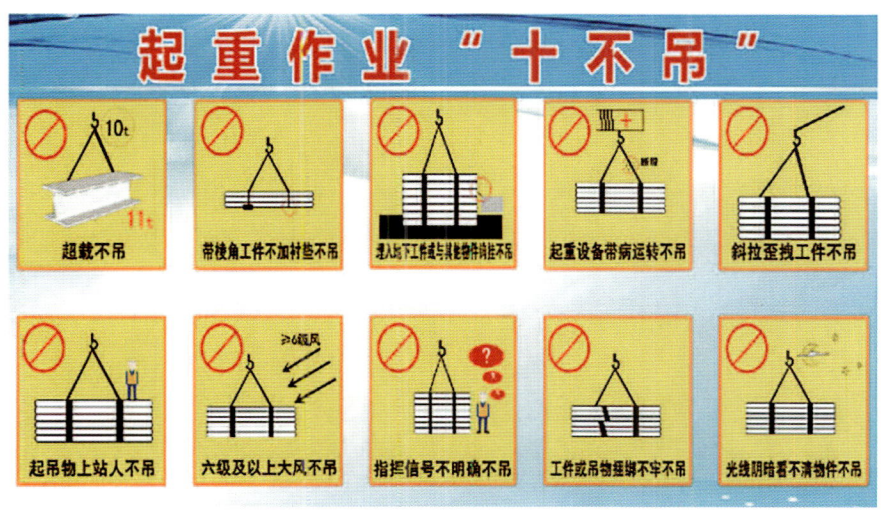

图9-6 起重作业"十不吊"

## 9.5.2 塔式起重机（固定式）

塔式起重机（固定式）（见图9-7）是建筑工地上最常用的一种起重设备,又名"塔吊",以一节一节的接长（高）（简称"标准节"）组成,用来吊施工用的钢筋、木楞、混凝土、钢管等施工的原材料,相关要求见表9-4。

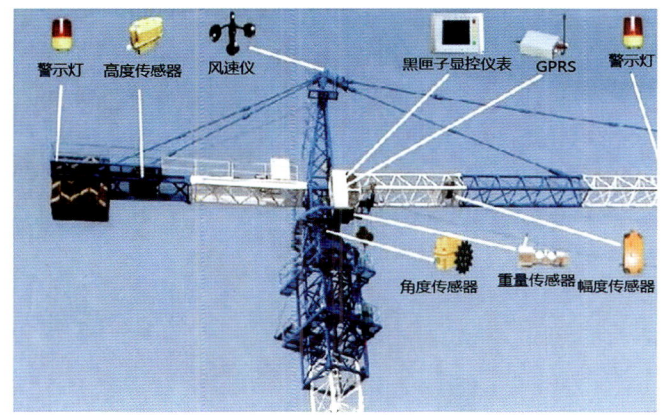

图9-7 塔式起重机

表 9-4 塔式起重机管控重点

| 序号 | 部位 | | 管控重点 |
|---|---|---|---|
| 1 | 基础 | | 1．支腿固定前，必须确保四个支腿的最大高差在 2 mm 以内。<br>2．基础应干燥，设置排水沟，不得有积水 |
| 2 | 主要机构 | 套架 | 套架四周的导向滑轮均应固定牢固，润滑良好，滑轮与标准节的间隙不得超过 1 cm |
| | | 标准节 | 1．标准节四角立柱结构须完好、无变形、无裂纹，标准节上的顶升踏步焊缝无开裂现象。<br>2．塔吊的部分标准节或为加强节，与普通节有所不同，不能混用 |
| | | 平衡 | 1．平衡臂上拉杆必须使用原厂生产的构件，不允许更换或改造。<br>2．平衡臂前后两段的连接销必须穿开口销，此处的开口销易被忽略。<br>3．起升机构应设置排绳机构，并检查排绳滑轮的润滑及轴承情况，钢丝绳须排列整齐 |
| | | 开口销 | 1．安装开口销后，所有开口销必须两边开口，且单边开口达 15°以上。<br>2．严禁使用小型号的开口销代替原大型号的开口销。<br>3．如开口销一边断裂，此开口销必须报废 |
| | | 吊钩 | 1．吊钩上必须安装弹簧压板式或自重式的防脱钩保险装置，并保证保险装置可与吊钩形成闭合。<br>2．吊钩上的各连接销均无断裂现象，各连接螺栓紧固、无松动。<br>3．严禁在钩体上进行电焊作业，吊钩一旦达到报废标准，必须报废 |
| | | 起重臂 | 1．起重臂端部上方应安装安全警示灯。<br>2．起重臂各处结构完好无脱焊、无变形，拉杆笔直、无弯曲 |
| | | 驾驶室 | 1．应指挥司机操作各机构，分别试验起升限位、变幅限位、回转限位、急停按钮、启动按钮等，其他开关和指示灯均能正常使用。<br>2．操作手柄上必须设有零位保护装置，严禁用扎带或其他杂物限制零位保护的正常弹出。断电后，手柄必须置于零位，才能重新启动。<br>3．驾驶室内严禁使用有明火的取暖器 |
| 3 | 传动装置 | 回转支承 | 1．回转上、下支承的连接螺栓必须齐全、紧固到位。<br>2．回转限位器行程齿轮应能与回转大齿圈啮合，不缺齿，制动功能正常 |

续 表

| 序号 | 部位 | | 管控重点 |
|---|---|---|---|
| 3 | 传动装置 | 变幅小车 | 1. 断绳保护装置必须正确安装，严禁人为将其捆绑，断绳保护装置的卡板如发生变形，应立即修复或更换。<br>2. 断轴保护装置必须正确安装、无变形，且固定牢固 |
| 4 | 电缆线 | | 1. 主电缆线和镝灯线应分开固定在标准节上，每隔三节用瓷瓶固定一次。<br>2. 电缆线应用橡胶或其他绝缘物进行防护，避免直接与结构件接触 |
| 5 | 安全装置 | 限位装置 | 1. 起升限位、小车变幅限位、起重力矩限制器、起重量限制器、回转限位器、小车断轴保护装置、吊钩防脱钩装置等灵敏可靠。<br>2. 塔臂和臂架端部安装红色障碍警示灯；群塔作业应在塔尖、臂尖、臂端分引安装3个红色障碍指示灯且指示灯不应受停机影响 |
| 6 | 防护装置 | 平台护栏 | 护栏应使用夹板固定，不得使用铁丝、胶布等捆绑 |
| | | 安全通道 | 人员上下爬梯护栏必须焊接牢固 |
| | | 塔吊基础防护 | 1. 塔吊基础四周设置1.8 m高定型化可拼装防护栏。<br>2. 五牌一图齐全，贴使用备案证、特检中心检测合格证复印件，挂责任人公示牌，附管理人员联系方式、司机操作证件 |

地铁工程停车场施工因施工面积较大，经常会涉及多台塔吊共同作业的情况，易发生塔吊碰撞、物体打击等事故，故群塔作业安全风险极高，管控重点及措施见表9-5。图9-8所示为群塔作业及塔吊黑匣子。

表9-5 管控重点及措施

| 序号 | 管控重点 | 管控措施 |
|---|---|---|
| 1 | 群塔作业防碰撞 | 1. 相邻塔机高度错开。<br>2. 制定塔机避让规则。<br>3. 取消回转高速挡。<br>4. 禁止相邻塔吊在同一时间同一地点吊物。<br>5. 设置塔机进入交叉区域报警装置。<br>6. 加强指挥，向作业人员安全交底。<br>7. 控制施工进度，合理安排作业时间 |

续表

| 序号 | 管控重点 | 管控措施 |
| --- | --- | --- |
| 2 | 作业过程塔吊吊钩未升到安全高度突然停电，防止风力推动塔机向相邻塔机旋转相撞 | 1．配备回转刹车。<br>2．备用限制回转的木楔、三角木等。<br>3．实施突然停电时的应急措施：及时启动备用发电机 |
| 3 | 非工作状况塔机吊钩未停置在安全范围，防止风力推动塔机起重臂导致该塔钢丝绳与邻塔塔臂相撞 | 1．规定非工作状态吊钩停置位置。<br>2．向作业人员安全交底。<br>3．监督检查 |

（a） （b）

图9-8 群塔作业及塔吊黑匣子

## 9.5.3 门式起重机

门式起重机是桥式起重机的一种变形，又叫龙门吊，如图9-9所示。主要用于室外的货场、料场货、散货的装卸作业。门式起重机具有场地利用率高、作业范围大、适应面广、通用性强等特点，在港口货场、地铁施工狭窄场地得到广泛使用。门式起重机相关要求见表9-6。

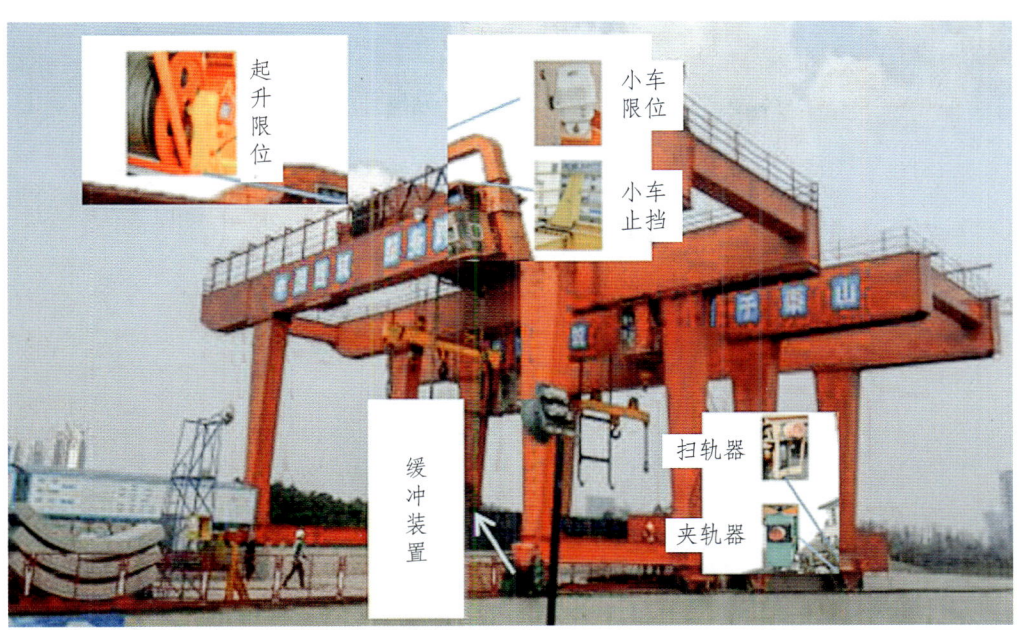

图9-9 门式起重机

表9-6 门式起重机管控重点

| 序号 | 部位 | | 管控重点 |
| --- | --- | --- | --- |
| 1 | 轨道与基础 | 轨道 | 1. 轨道沿长度方向上，在平面内的弯曲，每2 m检测长度上的偏差不应大于1 mm；在立面内的弯曲，每2 m检测长度上的偏差不应大于2 mm。<br>2. 接头采用鱼尾板连接时，轨道接头高低差及侧向错位不应大于1 mm，间隙不应大于2 mm |
| | | 轨道固定方法 | 轨道基础必须采用钢筋混凝土现浇，施工时预埋与固定轨道的钢板及"U"形螺栓。其中钢板及刚压板厚度不小于10 mm，螺栓直径不小于M22 |
| 2 | 主要机构 | 整机 | 整体稳定性必须完好，不得有裂纹 |
| | | 钢丝绳 | 1. 钢丝绳的绳端固定和连接应牢固、可靠、便于检修。<br>2. 升降过程中电缆不应与起重钢丝绳发生接触、摩擦 |
| 3 | 传动装置 | 驱动轮 | 1. 驱动轮应同步转动；车轮不应有明显磨损，轮缘厚度磨损量达原厚度的50%、轮缘厚度弯曲变形达厚度的20%、车轮踏面厚度磨损量达原厚度的15%，出现以上缺陷之一时车轮应报废。<br>2. 起重机和小车的运行机构均应设置行程开关、扫轨板和缓冲器 |
| | | 制动机构 | 动力驱动的起重机每个机构都应设置制动器，起升机构应设置两套常闭式制动器；制动器零件不应有缺件、裂纹、严重磨损，液压制动器不应漏油 |

续 表

| 序号 | 部位 | 管控重点 |
|---|---|---|
| 4 | 电缆线 | 电缆的牵引绳应牢靠结实,电缆的所有滚轮应润滑,能灵活滚动,无滑动或卡死现象;电缆运动时无挂、碰等障碍物 |
| 5 | 安全装置 | 1. 起重机和小车的运行机构均应设置行程开关、止挡、扫轨板和缓冲器。<br>2. 起重机应设夹轨器、锚定装置或其他抗风防滑装置。<br>3. 起升高度限位装置、起重量限制器等应灵敏有效。<br>4. 同一轨道上有两台起重机或小车时,相互间应设防碰撞装置 |
| 6 | 防护装置 | 1. 应设置门开关与电气联锁、抗风防滑装置应与运行机构联锁等保护装置。<br>2. 司机室应设有门锁、灭火器和电铃或警报器。<br>3. 应装设起重机运行声光报警器。<br>4. 张贴使用备案证,挂责任人公示牌,附管理人员联系方式、司机操作证件 |

### 9.5.4 汽车式起重机

汽车式起重机,俗称"汽车吊",是装在普通汽车底盘或特制汽车底盘上的一种起重机,其行驶驾驶室与起重操纵室分开设置,如图9-10所示。这种起重机的优点是机动性好,转移迅速。缺点是工作时须支腿,不能负荷行驶,也不适合在松软或泥泞的场地上工作。汽车吊相关要求见表9-7。图9-11所示为支腿架设及起吊长、大型重物时,专人拉牵引绳。

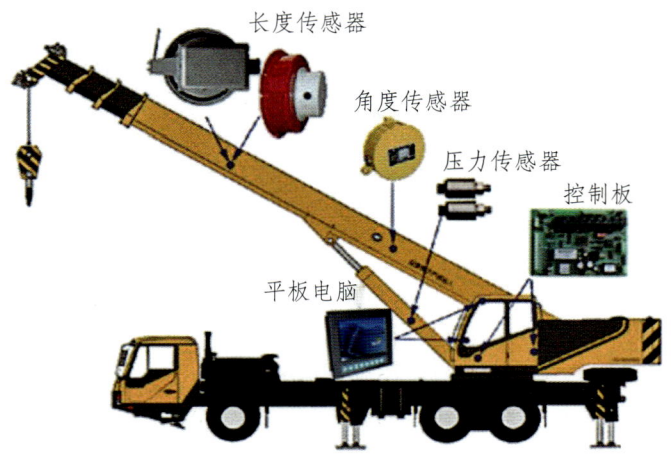

图9-10 汽车式起重机

表 9-7 汽车式起重机管控重点

| 序号 | 部位 | | 管控重点 |
| --- | --- | --- | --- |
| 1 | 基础 | 支腿垫置 | 1．硬化地面垫置枕木，松软地面增加钢板。<br>2．严禁在斜坡及松软未处理的地面起吊 |
| 2 | 主要机构 | 开口销 | 1．螺栓或铆钉连接不应松动。<br>2．开口销不应损坏或用铁钉代替 |
| | | 吊钩 | 1．不得使用铸造吊钩，严禁补焊。<br>2．必须设置防脱钩装置 |
| | | 钢丝绳 | 1．不得有扭结、压扁、弯折、断股、断丝、断芯、笼状畸变等变形。<br>2．卷筒上钢丝绳放出时应保留 3 圈及以上 |
| 3 | 传动装置 | 卷筒与滑轮 | 1．滑轮应有防止钢丝绳跳出轮槽的装置。<br>2．卷筒上钢丝绳尾端的固定装置，应有防松或自紧性能 |
| | | 液压系统 | 液（气）压泵内外不应有泄漏，仪表应齐全，工作应可靠，指示数据应准确 |
| | | 制动装置 | 1．制动片与制动轮之间的接触面应均匀，间隙调整应适宜，制动应平稳可靠。<br>2．制动系统各管路、部件连接应可靠，管路应畅通，不应漏气、漏油 |
| 4 | 电气装置 | | 1．线路应整齐，不应损伤老化，包扎、卡固应可靠，绝缘应良好，电缆电线不应有老化裸露。<br>2．电控装置应灵敏，熔断器配置应合理、正确，各电器仪表指示数据应准确，绝缘应良好 |
| 5 | 安全装置 | 安全限位 | 变幅指示装置、力矩限制器、起重量限制器、幅度限位器等安全装置应完好、齐全、灵敏可靠 |
| | | 液压支腿 | 压力不得大于系统额定工作压力的110%。各液压阀不应有内外泄漏 |

（a）　　　　　　　　　　　（b）

图9-11　支腿架设及起吊长、大型重物时，专人拉牵引绳

# 第十章 管线施工安全管理

## 10.1 概述

地铁施工中主要涉及供水、排水、燃气、燃油、热力、电力、通讯、照明、广播电视、交通信号、公共视频监控、国防及军用电缆及其他用途的各类地下（上）管线、管沟及其附属设施。

根据重大（要）性、影响范围等分为：一般管线、重大（要）管线、特别重大（要）管线三级（详见图10-1）。

| 分级 | 分级指标（包含但不限于） | | | | |
|---|---|---|---|---|---|
| | 电缆 | 供水 | 雨污水 | 通信 | 燃气 |
| 一般 | 10kV以下 | φ500mm以下 | φ1000mm以下 | | |
| 重大（要） | 10kV及以上<br>110kV以下 | φ500mm及以上<br>φ1000mm以下 | φ1000mm及以上<br>φ1500mm以下 | 一般通信线 | 中、低压 |
| 特别重大（要） | 110kV及以上<br>军、国防用电（光）缆 | φ1000mm及以上 | φ1500mm及以上 | 军用、国防（通信）、影响学校、医院、消防、政府办公等 | 高压 |

图 10-1 管线分级

常见的管线破坏事件有：燃气管破坏导致的停气、火灾及爆炸，如图10-2（a）所示；电力管线破坏导致的停电、触电，如图10-2（b）所示；水管破坏导致的停水、溺水及水淹，如图10-3（a）所示；通信线破坏导致的信号中断、网络中断，如图10-3（b）所示。

（a）　　　　　　　　　　　　　　（b）
图10-2　电力管线破坏及燃气管破坏

（a）　　　　　　　　　　　　　　（b）
图10-3　自来水管破坏及通信线破坏

管线施工的流程：编制管线手册→现场调查→建立管线清单→双确认、探挖→管线保护或迁改→标识标牌。

## 10.2　管线施工的管控重点及措施

管线施工的管控重点及措施见表10-1，图10-4所示为现场旁站及管线标识牌。

表 10-1　管线施工的管控重点及措施

| 管控重点 | 管控措施 |
| --- | --- |
| 动土作业 | 1．编制管线手册：根据编制《管线迁改及保护管理手册》，制定详细的管线保护计划，建立管线保护责任制清单，落实具体责任人。<br>2．设置管线专员：每个工点应配备不少于2名专职管线安全保护专员（简称管线专员）。<br>3．管线核查：在开挖作业前，必须坚决实行"先探后挖""双确认"原则，并再次核实相关管线的类型、规格、数量、埋深、走向、运行状况、影响范围及所属产权单位等。<br>4．管线探测，先探后挖：正式开挖前采用管线探测仪，同时辅以人工开挖探孔、探槽（沟）方式进行探测。双确认：既要各相关单位现场确认，又要测量放线后各相关单位坐标确认。<br>5．工序报备：在涉及管线施工前，必须进行工序报备，明确管线类型、材质、动土前各手续办理情况，与产权单位核实管线情况，并落实管线保护责任人。<br>6．作业签认：管线作业或临近管线作业及不同工序转换时，管线专员向监理报审，由旁站监理、管线专员对作业班组人员进行交底，旁站监理、管线专员、作业人员共同作业签认后方可施工。<br>7．管线施工旁站：管线迁改及邻近管线作业，监理及管线专员需全程旁站，并共同填写旁站记录备查。<br>8．管线标识标牌：现场按标准设立管线信息标识牌，内容包括管线的保护形式（废除、永久迁改、临时迁改、临时保护、原位保护）、各管线产权单位负责人、施工负责人、监理单位负责人、总包单位现场负责人、建设公司主管部门业主代表等信息及联系方式；迁改作业时，在管线区域外沿30 cm用彩旗绳设置立体警示隔离带，隔离带外沿架设铁马架，严禁机械设备违规进入该区域作业；迁改完成的管线应及时重新设立管线标识标牌及隔离带。<br>9．机械管理：距离管线水平距离50 cm、垂直距离100 cm范围内禁止机械停放、作业及通行；每个工点设置一名钥匙保管专员，负责对现场所有机械设备钥匙编号、管理和发放 |
| 管线保护 | 根据管线的类型采取相应的保护措施，具体见10.3节 |
| 应急处置 | 明确各类管线的产权单位信息，并在现场制作公示牌。<br>明确各类管线上下游阀门位置，并向参与施工的作业人员交底到位。<br>现场配备相应的应急物资以及各类阀门对应的启闭工具 |

（a）　　　　　　　　　　　　（b）

图10-4　现场旁站及管线标识牌

## 10.3　各类管线具体保护措施

### 1. 横跨基坑类10 kV以下的电缆

正确的保护措施：内层采用麻袋包裹，外层采用PVC管包裹，PVC管外侧粘贴黄黑相间警示带，并用型钢进行悬吊保护，如图10-5所示。

（a）　　　　　　　　　　　　（b）

图10-5　横跨基坑类10 kV以下的电缆

### 2. 10 kV及以上电缆、国防军用电（光）缆、学校、医院、消防、政府办公等重要通信设施

正确的保护措施：管线外层用PVC管包裹，其次用防火布包裹，包裹后的管

线放置于钢桁架制作的管线保护箱内，保护箱放置于混凝土支撑梁上方或根据受力计算上方是否增设贝雷梁悬吊，保护箱两侧张贴保护标语及管线标识牌，如图10-6所示。

（a）　　　　　　　　　　　　　（b）

图10-6　10 kV及以上电缆、国防军用电（光）缆、学校、医院、消防、政府办公等重要通信设施

### 3. 一般通信管线

正确的保护措施：主要采用两根槽钢保护。沿线敷设黄黑相间警示带，槽钢两端采用预埋件或钢筋混凝土支撑固定，并用贝雷梁悬吊，如图10-7所示。

（a）　　　　　　　　　　　　　（b）

图10-7　一般通信管线

### 4. 纵跨基坑类管线

正确的保护措施：对于基坑上方有混凝土支撑梁的结构，由内到外，管线第一层采用塑料波纹管包裹，第二层用绝缘带包裹，第三层用防水带进行缠绕，放置于混凝土支撑上，无混凝土支撑梁按照基坑侧壁类保护，如图10-8所示。

（a） （b）

图10-8 纵跨基坑类管线

### 5. 基坑侧壁类管线

正确的保护措施：位于基坑侧壁的管线，使用电缆线槽进行保护，并在接头处使用围挡隔离保护，如图10-9所示。

（a） （b）

图10-9 基坑侧壁类管线

### 6. 裸露地表类管线

正确的保护措施：用麻袋片包裹，外部用槽钢进行硬防护，外部涂刷宽度为15 cm、与地面成60°的黄黑相间油漆，喷射白底红字的箭头标志，如图10-10所示。

（a） （b）

图10-10 裸露地表类管线

## 7. 横跨基坑类供水管（$\phi$500 mm以下）

正确的保护措施：管线外包裹黄黑相间的警示带后用贝雷梁进行悬吊保护，不得有承插式接头，更换材质和接头方式并对接头增设抱箍加固后方可进行悬吊保护，如图10-11所示。

图10-11 横跨基坑类供水管

## 8. 横跨基坑类燃气、供水管（$\phi 500$ mm 及以上）及其他类横跨基坑管线

正确的保护措施：双拼工字钢作为悬吊保护的支撑架，贝雷梁作为悬吊受力梁，并用安装有紧线器的钢丝绳（间距50 cm）连接受力，贝雷梁两端制作100 cm×50 cm×25 cm混凝土基础置于冠梁上，并在梁两端设置斜撑防止倾覆，不得有承插式接头，更换材质和接头方式并对接头增设抱箍加固后方可进行悬吊保护（注：燃气管线外侧需包裹一层防火布），如图10-12所示。

图10-12 横跨基坑类燃气管

## 9. 临近架空线或架空下方的保护

正确的保护措施：在电缆上安装闪烁警示灯球，用型钢或钢管制作安全高度限高架，架空线下方限高架顶铺设PVC材质绝缘防雷电防护棚，限高架上涂刷黄黑相间警示线，并设立警示标志，如图10-13所示。

图10-13 临近架空线或架空下方的保护

## 10．电缆、通信杆的保护

正确的保护措施：电杆四周采用10 cm方管设置高度不低于1.5 m的硬防护，其上粘贴安全标语及相关宣传标志，如图10-14所示。

图10-14　电缆、通信杆的保护

## 11．浅埋管线

正确的保护措施：浅埋管线地面用油漆标识出管线区域，并设置隔离区，保护区地表铺设2 cm厚钢板，如图10-15所示。

图10-15　浅埋管线

### 12. 钢质管端头封堵

正确的保护措施：管内砌砖并浇筑混凝土，长度不少于50 cm，端头用钢板焊接封堵，如图10-16所示。

图10-16　钢质管端头封堵

### 13. 混凝土管端头封堵

正确的保护措施：该类管道采用双端封堵，既要封堵废除管道检查井位置，又要封堵废除管道末端，采用砌砖并浇筑长度不少于100 cm的混凝土，如图10-17所示。

图10-17　混凝土管端头封堵

### 14. 接头保护

正确的保护措施：对于管道接头位置应根据管径大小使用金属管箍进行固定，同时在接头附近两侧进行悬吊保护或支承保护，如图10-18所示。

（a）

（b）

图10-18 接头保护

### 15. 警示灯带的设置

所有完成保护的管线均应设置警示灯带，并保证在夜间开启，如图10-19所示。

图10-19 警示灯带

# 第十一章 重特大危险源施工应急管理

地铁工程施工，高风险行业多，人员长期在隧道内作业，暴露于危险环境中的频繁程度较高，易发生人员伤害事故，经济损失、社会负面影响较大。可能出现的生产安全事故有坍塌、触电、高处坠落、机械伤害、物体打击、爆炸、交通事故、火灾、中毒、传染疾病、职业病等；自然灾害有地震、雷电、突泥涌水、洪灾、构建筑物管线破坏等。

建立健全统一指挥、功能齐全、反应灵敏、运转高效的应急救援机制，确保重特大危险源施工过程中各类安全生产事故应急处置工作快速、有序、高效进行，提高应急反应能力，保障国家、企业和员工生命财产安全，最大限度地降低事故造成的损害程度和不利影响，保证工程施工的顺利进行。

## 11.1 应急处置原则

应急处置工作遵循"统一领导、职责明确，分级管理、分级负责，各司其职、规范有序，反应迅速、运转高效，预防为主、平战结合"的原则。

## 11.2 险情描述及分级

### 11.2.1 险情描述

（1）工程主体、附属结构倒塌事故，高耸设备设施倾倒事故。

（2）车站、暗挖隧道土方开挖以及盾构施工中出现涌水、流沙、塌陷、地陷。

（3）因工程施工直接引起周边建构筑物、市政设施、管线出现险情，影响社会安全或居住人员需紧急疏散。

（4）构筑物（含大型支撑模板、临时结构、高悬提升设备等）坍塌。

（5）车站、隧道内有限空间作业引起人员中毒和窒息等事件。

（6）爆破伤害、轨行区交叉作业引起人员伤亡。

（7）火灾、暴雨引起的水浸、水淹、倒塌、坍塌。

（8）影响工程正常施工的其他安全事故。

### 11.2.2 事件分级

根据突发事件可能造成的危害程度、波及范围、影响大小、人员伤亡及财产损失等情况，由高到低划分为重大及以上突发事件（一级）、较大突发事件（二级）、险性突发事件（三级）和一般突发事件（四级）（见表11-1）。

表 11-1 突发事件分级

| | |
|---|---|
| 重大及以上突发事件（一级） | 1. 造成3人以上死亡（含失踪）或10人以上重伤（中毒）。<br>2. 施工引起预计导致50人以上转移安置的房屋沉降、塌陷、大面积开裂、燃（油）气泄漏等事件。<br>3. 施工造成燃气、给排水、电力、通信、道路交通等预计中断72 h以上，并造成较大社会影响的事件。<br>4. 工地附近河流、沟渠溃堤、漫水，水流流入正在施工的隧道、基坑、车站。暴雨使隧道、车站、基坑、房屋等建（构）筑物中的人员被困，因洪灾已有人员伤亡。<br>5. 其他影响极大、事态扩散迅速的突发事件 |
| 较大突发事件（二级） | 1. 造成3人以下死亡（含失踪）或3人以上10人以下重伤（中毒）。<br>2. 施工引起预计导致50人以下转移安置的房屋沉降、坍塌、大面积开裂、燃（油）气泄漏等事件。<br>3. 施工造成燃气、给排水、电力、通信、道路交通等预计中断24 h以上72 h以下，会造成一定社会影响的事件。<br>4. 暴雨导致积水大量流入正在施工的隧道、基坑、车站，暴雨期间工地附近的河流、沟渠水位暴涨，接近满水。因暴雨、洪灾，基坑、工程结构、周边房屋、周边道路等有明显变形、开裂等险情。因洪灾已有人员重伤 |

续 表

| | |
|---|---|
| 险性突发事件（三级） | 1．造成3人以下重伤（中毒）或5人以上轻伤。<br>2．施工引起房屋轻微沉陷、局部开裂等事件。<br>3．施工造成燃气、给排水、电力、通信、道路交通等预计中断6 h以上24 h以下，或造成一定影响引起投诉或受到政府相关部门、媒体通报造成较大不良影响，引起网络舆情的事件。<br>4．施工造成附近道路出现较大破损、下沉，市政排水设施无法正常排水致使内涝。<br>5．暴雨期间已有水流流入正在施工的隧道、基坑、车站、房屋，隧道、基坑、车站、房屋内已有明显积水，暴雨期间工地附近的河流、沟渠水位明显上涨，因洪灾已有人员轻伤 |
| 一般突发事件（四级） | 1．造成3人以上5人以下轻伤。<br>2．直接经济损失10万元以上30万元以下。<br>3．施工造成燃气、给排水、电力、通信、道路交通等预计中断6 h以下，或6 h以上24 h以下，但未造成一定影响引起投诉或受到政府相关部门、媒体通报造成较大不良影响，引起网络舆情的事件。<br>4．发生溜车，基坑、支撑垮塌等虽未造成伤亡，但已造成较大影响的事件。<br>5．施工造成附近道路出现较大破损、下沉，造成较大不良影响的事件。<br>6．因防汛措施不到位，或地铁施工造成市政排水设施无法正常排水，致使内涝造成较大不良影响的；暴雨、大雨期间施工场地内已明显积水，工地附近的河流、沟渠水位上涨。<br>7．既有线施工等造成中断运营正线（上下行正线之一）行车20 min以上 |

## 11.3 预防与预警

### 11.3.1 危险源监控

（1）坚持"安全第一、预防为主、综合治理"的方针，开展对重点区域和危险源的监控，做好日常的预防工作，建立和完善以预防为主的日常监督检查机制。

（2）加强对各类工程突发公共事件的调研，强化应对突发事件预测预警系统的资源整合，实现信息资源共享。

（3）落实安全生产主体责任，抓好项目安全质量管理，确保安全生产措施到位，筑牢安全生产基石，构建本质安全型企业。

### 11.3.2 预警分级

依据突发事件的危害程度、发展情况和紧迫性等因素，公司突发事件的预警由高到低分红色（特别严重）、橙色（严重）、黄色（较重）、蓝色（一般）四个级别（见表11-2）。

表 11-2 突发事件预警分级

| 红色预警 | 预计将要发生重大及以上突发事件（一级），事件会随时发生，事态正在不断蔓延 |
|---|---|
| 橙色预警 | 预计将要发生较大以上突发事件（二级），事件即将发生，事态正在逐步扩大 |
| 黄色预警 | 预计将要发生险性以上突发事件（三级），事件已经邻近，事态有扩大的趋势 |
| 蓝色预警 | 预计将要发生一般以上突发事件（四级），事件即将临近，事态可能会扩大 |

### 11.3.3 预警行动

（1）通过工程管理信息系统作为支持平台，层层发布预警信息，保证预警信息指挥有力、准确畅通、反应灵敏、资源共享。

（2）在对危险源、危险因素的日常检查和监测中发现有可能出现的事故信息，应迅速通知相关部门采取行动，防止事件的发生或事态的进一步扩大，并立即向项目业主、监理和上级单位报告。

（3）应急组织机构接到有可能引起事故和突发紧急事件的险情信息后，应急办公室应密切关注事态的发展趋势，根据发展状况和严重程度，及时将信息报送各级应急领导小组。

## 11.4 突发事件应急信息报送

### 11.4.1 报告原则

应遵循"迅速、准确"的原则，在第一时间报告安全生产事故或突发紧急事件情况。

### 11.4.2 报告程序

发生事故或突发紧急事件后，严格按照《生产安全事故报告和调查处理条例》（国务院令第493号）及有关规定立即逐级报告，并按照以下要求同时报告当地政府相关部门。

（1）人身伤亡事故：报告当地政府安全生产监督管理主管部门及工程项目所属行业主管部门。

（2）环境污染与破坏事故：报告当地政府环境保护主管部门及工程项目所属行业主管部门，事故导致或危及人员安全的，还须报告当地政府安全生产监督管理主管部门和公安部门。

（3）急性中毒事故：报告当地政府卫生防疫主管部门及工程项目所属行业主管部门，事故导致或危及人员安全的，还须报告当地政府安全生产监督管理主管部门和公安部门。

（4）危险化学品爆炸事故：报告当地政府公安部门及工程项目所属行业主管部门，事故导致或危及人员安全的，还须报告当地政府安全生产监督管理主管部门。

（5）锅炉、压力容器、压力管道和特种设备事故：报告当地政府技术监督部门及工程项目所属行业主管部门，事故导致或危及人员安全的，还须报告当地政府安全生产监督管理主管部门和公安部门。

（6）火灾事故：报告当地政府公安、消防部门及工程项目所属行业主管部门，事故导致或危及人员安全的，还须报告当地政府安全生产监督管理主管部门。

（7）其他事故：报告当地政府相关部门及工程项目所属行业主管部门。

### 11.4.3 报告内容

事故发生单位概况；事故发生的时间、地点以及事故现场情况；事故的简要经过；事故已经造成或者可能造成的伤亡人数（包括下落不明的人数）和初步估计的直接经济损失；已经采取的措施；事故地点是否影响繁华闹市区、城市主要干道、其他重要设施安全；其他应当报告的情况。出现新情况的，应当及时补报。

## 11.5 应急响应

### 11.5.1 响应分级

（1）蓝色预警响应：由项目部应急救援小组启动相应预案，开展应急处置工作，并报上一级主管单位、部门。必要时，由项目部及时直接向所属片区指挥部或所属单位责任部门报告，由指挥部或责任部门负责处理。

（2）黄色预警响应：由后台公司应急救援领导小组启动相应预案，公司主要负责人、分管领导为事件处理指挥者，亲临现场指挥救援抢险工作，并报上一级主管单位、部门。

（3）橙色及红色预警响应：由集团（或股份）公司应急救援领导小组启动相应预案，公司主要负责人、分管领导为事件处理指挥者，亲临现场指挥救援抢险工作，并报上一级主管单位、部门。

## 11.5.2 应急响应程序（见图11-1）

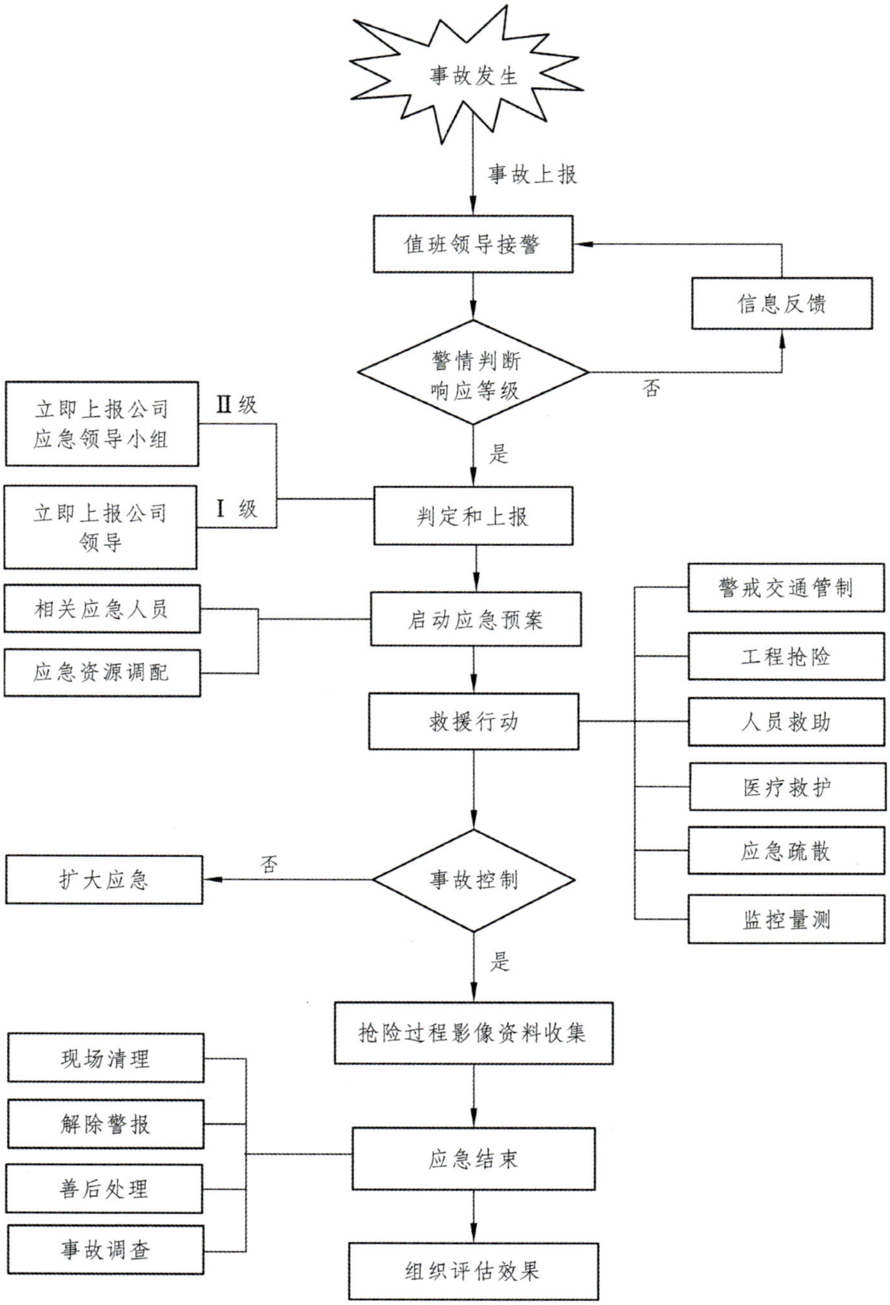

图11-1 应急响应程序

## 11.6 应急救援保障措施

### 11.6.1 通信与信息保障

（1）各级应急组织成员应保持手机24 h畅通。

（2）抢险救援所涉及人员通讯方式发生变更的，应及时更新。

（3）规范事故（突发事件）上报、接报、处理流程。地下工程等通讯信号弱或无通信信号的施工部位，要完善通信系统，保证施工范围内所有部位通信信号畅通。

（4）通过各种形式，广泛宣传应急法律法规和预防、避险、自救、互救减灾等常识，增强员工的应急意识和自救、互救能力。并应将应急预案作为安全生产教育和培训的一项重要内容，使有关人员了解应急预案内容，熟悉应急职责、应急程序和岗位应急处置方案。应急预案的要点和应急程序应当张贴在应急地点和应急指挥场所，并设有明显的标志。

### 11.6.2 应急队伍保障

（1）指挥部、施工单位应分别组建应急救援小组，指挥部统一实行各施工单位的应急队伍和应急物资调配，负责建设工程突发事件的应急处置。

（2）指挥部除组建内部应急救援小组外，还应聘请社会救援机构成立专业的应急救援组织，作为建设工程突发事件的增援力量，聘用时限为工程的建设工期。

（3）建立与地方政府、卫生、公安消防、环保部门等单位之间的联动协调机制，发挥其在应对突发事件中的重要作用。

### 11.6.3 应急物资装备保障

（1）明确相关平面布置图纸、救援力量分布图纸、疏散通道等相关信息；明确应急救援需要使用的应急物资和装备的类型、数量、性能、存放位置、管理责任人及其联系方式等内容。

（2）配备施工现场应急物资，并建立健全应急物资储备、调拨及紧急配送体系，完善应急工作程序，确保应急所需物资的及时供应，并加强对物资储备的监督管理，根据应急需要及时予以补充和更新，定期对应急物资进行检查。

## 11.7 应急救援演练

### 11.7.1 演练目的

为了进一步强化项目部人员事故安全意识，提高项目部人员对突发事件的应变能力，特别是针对施工现场突发应急事件的情况下，项目部人员能熟知事故应急预案的应急响应及逃生路线，并且有序、迅速地组织义务救援队对事故进行救援和提高安全疏散相关人员的能力。

### 11.7.2 演练内容

（1）生产安全事故。

（2）工程质量事故。

（3）道路交通事故。

（4）环境污染与破坏事故。

（5）可燃可爆气体爆炸事故。

（6）自然灾害事故。

（7）锅炉、压力容器、压力管道和特种设备事故。

（8）火灾事故。

（9）急性中毒事故。

（10）其他事故。

### 11.7.3 演练要求

（1）结合施工进展的实际情况，及时编制综合应急预案、专项应急预案和现场处置方案，积极组织开展以现场应急处置方案为主的单项应急演练，如高处坠落、触电、物体打击、机械伤害和坍塌、防洪度汛等。

（2）每年至少组织一次综合应急预案演练或者专项应急预案演练。每半年至少组织一次现场应急处置方案演练。

（3）应急演练可根据条件组织开展。采用桌面演练、功能演练和实际演练。演练前应制订演练计划，应急预案演练结束后，演练单位应组织有关专家、应急管理人员及参演人员对演练效果进行评估，撰写评估报告，分析存在问题，对应急预案提出修订意见并编制总结报告。报告主要内容包括：

①演练背景信息，包括演练目标、地点、时间、气象条件等。

②参与演练的部门、组织和人员。

③演练计划和方案。

④演练、评估情况。

⑤演练中存在的问题和原因分析。

⑥明确改进存在问题的对策措施。

针对演练中存在的问题，制定和落实完善预案、改进应急设施设备，明确整改措施负责部门、人员、工作进度和整改费用等。

# 第十二章 安全信息化管理

## 12.1 概述

地铁项目具有投资大、线路长、风险高、工期紧等特点，同时面临复杂多变的水文地质及周边环境，在庞大的建设体量下，项目安全监管需面对施工作业面庞杂、作业人员安全意识淡薄、缺乏有效的安全监管体制等难题。

为了加强安全监管力度，宜采用信息化的手段进行辅助加强现场的安全管理，充分利用物联网、移动互联网和无线传输等新技术，配合瓦斯检测、风速检测和盾构施工监控等专业应用，运用流媒体、大数据等技术搭建施工工区、项目部、项目公司、第三方单位等多方参与、共同监控管理的一体化安全管理信息平台，有效整合各方力量，构建全线覆盖、全员参与、全过程管理的智能化安全管控模式。

基于互联网技术的一体化安全管理信息平台集成了隧道瓦斯浓度自动监控系统、盾构施工实时数据监控系统、重大危险源视频监控系统、隧道施工人员定位系统、劳务人员实名制管理系统、安全隐患排查点巡检系统，面向地铁隧道及车站深基坑工程，特别是瓦斯隧道等重特大危险源施工，可实现施工工区、项目部、项目公司、第三方单位等多方参与、共同监控管理重大安全风险的功能。

## 12.2 隧道瓦斯浓度自动监控系统

通过在隧道各工作面（矿山法隧道：掌子面、衬砌台车等部位；盾构法隧道：螺旋机出土口、1#和5#台车尾部等部位）安装瓦斯传感器，以及在隧道回风流内安装风速传感器，对洞内瓦斯浓度和回风风速进行24 h实时监测，并将监测信息回馈至主控计算机进行分析处理，对洞内瓦斯、风速、风量和风机实施自动化监控管理，同时实现风电、瓦电闭锁功能，如图12-1、12-2所示。

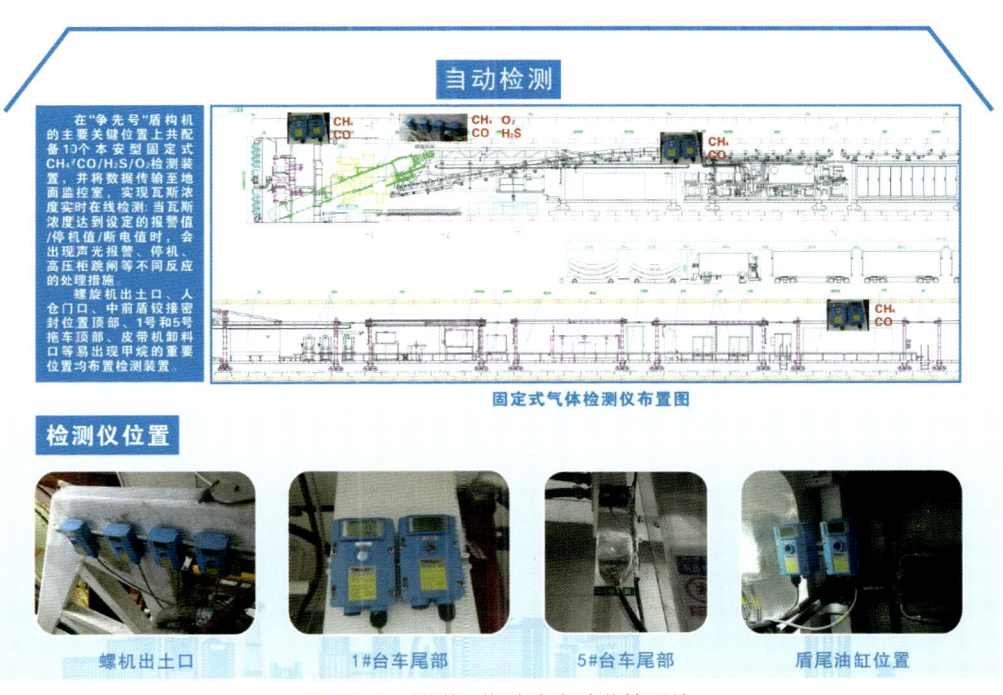

图12-1 隧道瓦斯浓度自动监控系统

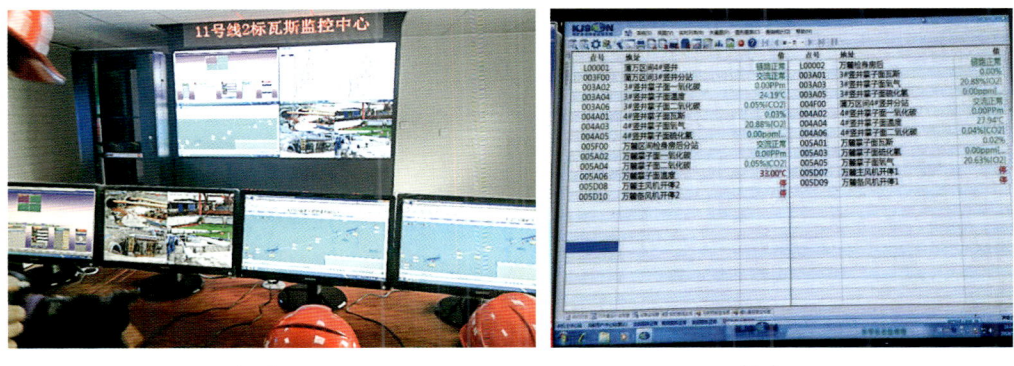

（a）　　　　　　　　　　　　（b）

图12-1 项目部隧道监控中心

## 12.3　盾构施工实时数据监控系统

盾构施工实时数据监控系统利用计算机自动对盾构姿态、材料消耗等数据进行对比分析与统计，实现盾构数据动态管理、自动识别、海量有序存储历史数据、信息汇总等功能，辅助施工人员分析盾构施工过程中可能存在的问题，便于及时、准确地远程掌控盾构施工情况，实现工程施工安全、质量以及成本的全面控制，如图12-3所示。

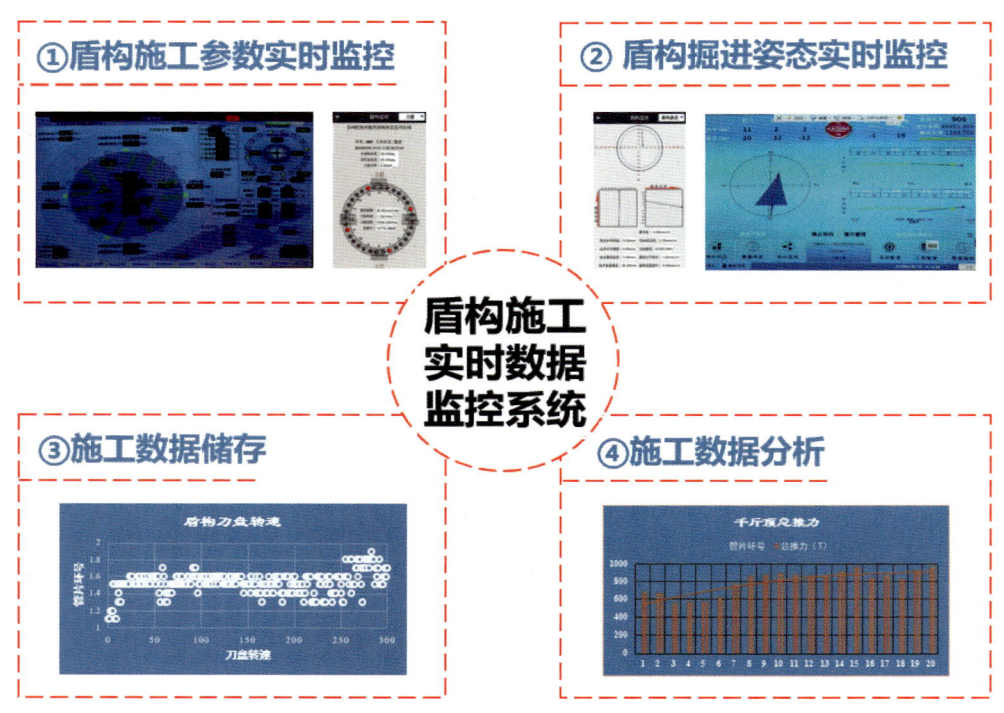

图12-3　盾构施工实时数据监控系统功能

## 12.4　重特大危险源远程监控系统

在基坑、盾构隧道及矿山法隧道关键位置，根据施工进度和工况动态设置施工专用监控摄像头，利用互联网技术将现场施工情况同步传输至监控中心和移动客户端，施工进度及施工情况实时反馈，实现对重大危险源的全方位远程管控，如图12-4所示。

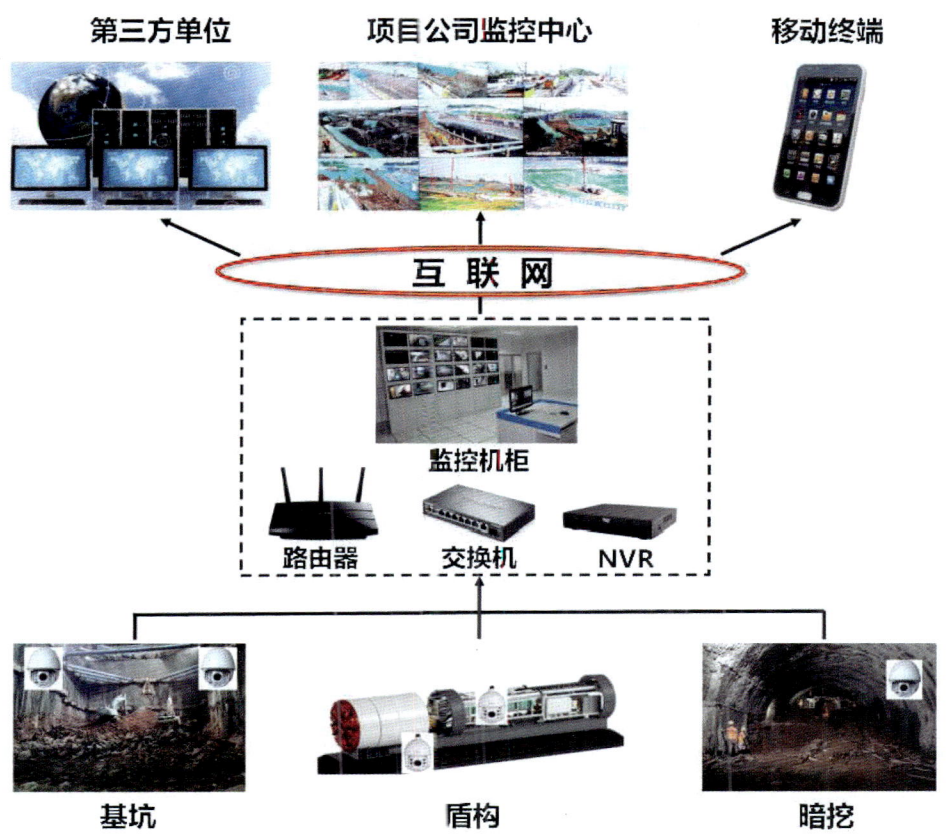

图12-4 重特大危险源远程监控系统架构

## 12.5 隧道施工人员定位系统

隧道施工人员定位系统基于RFID（射频识别）技术搭建，通过隧道施工人员携带的定位器，定位系统能够实时探测和显示洞内人员数量及具体位置，管理人员在监控中心和移动客户端均可实时查看洞内人员数量和位置分布情况。定位器具备双向通讯功能，能够在紧急情况下，群发撤离通知信号或发出求救信号，达到事故预防和有效施救的目的，如图12-5、12-6所示。

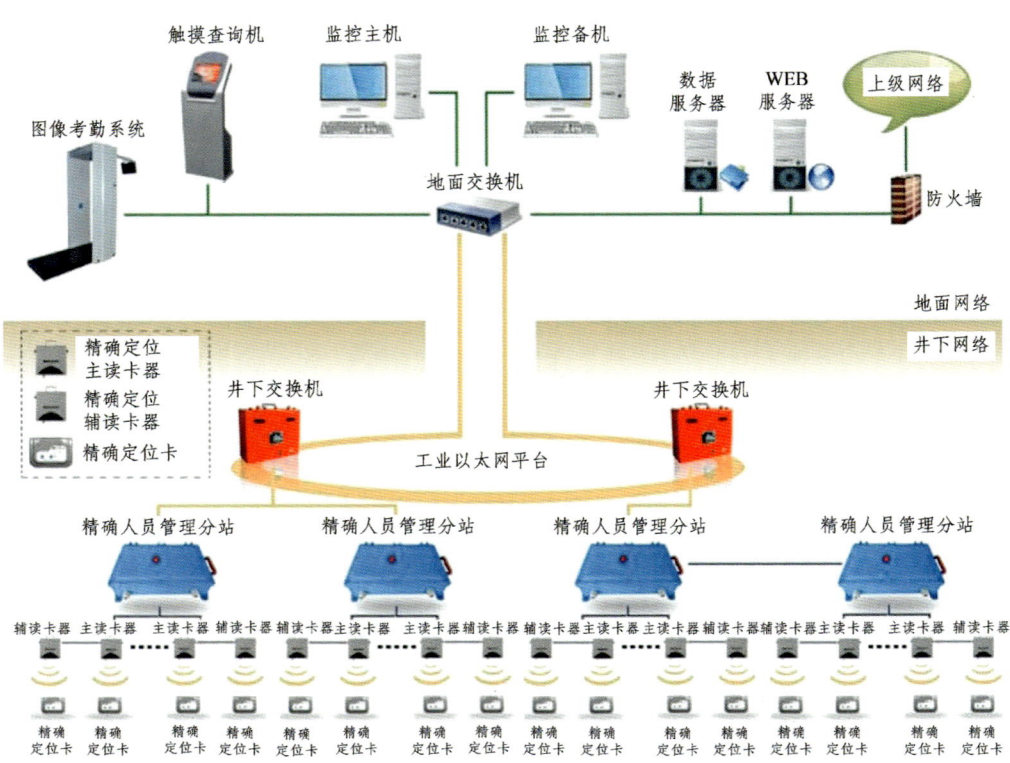

图12-5 隧道施工人员定位系统架构

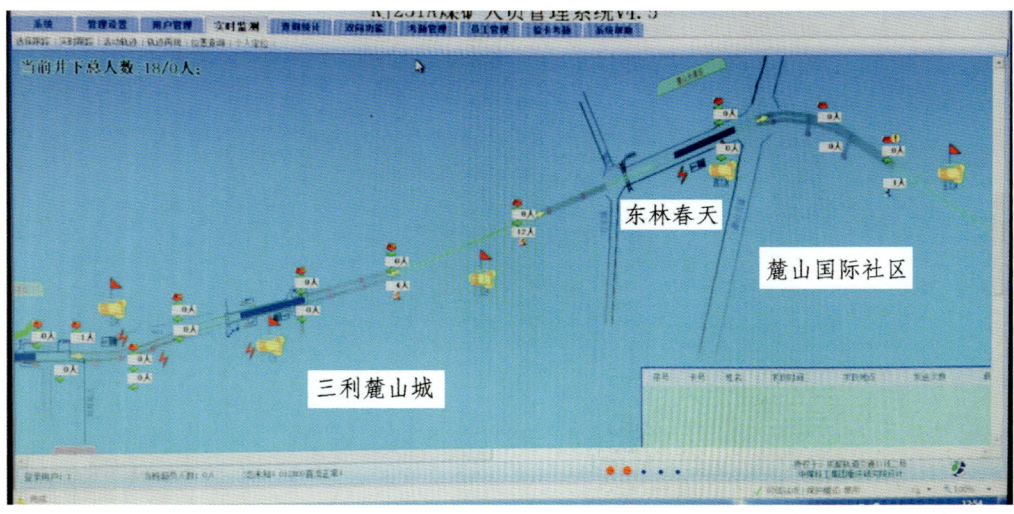

图12-6 隧道施工人员定位系统界面

## 12.6 劳务人员实名制管理系统

劳务人员实名制管理系统主要由人脸识别闸机、身份证读卡器、项目部数据服务器等硬件组成，集教育培训、出工考勤、用工分析、工资支付等多种功能于一体。劳务人员进场施工前办理实名制管理卡，录入个人信息、工种、技能等级等信息。当进行安全教育培训、进入或离开施工现场时，通过刷卡进行考勤和信息统计。工人的从业经历、优良表现、违章违规行为等也会进行全过程记录，作为工人技能等级认证、务工准入及评价劳务分包单位的实力和信誉的重要依据，如图12-7、12-8所示。

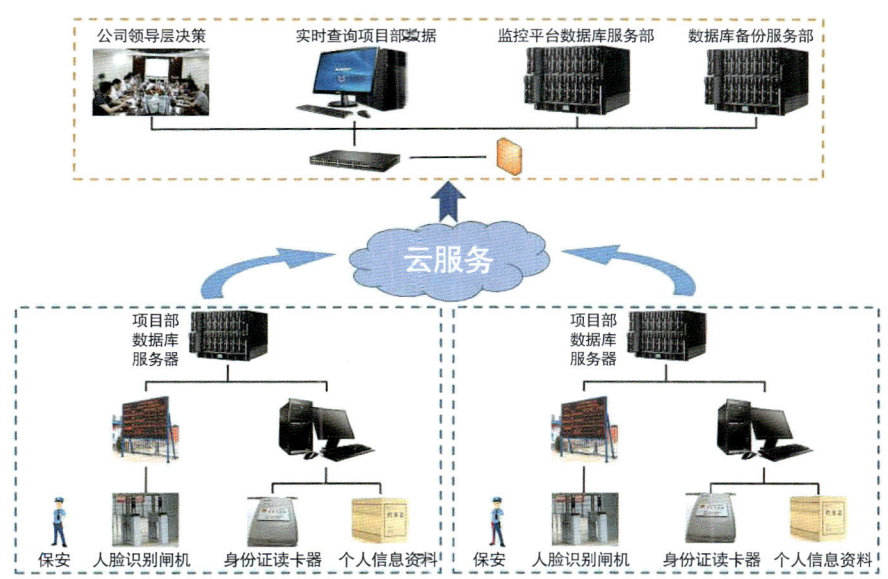

图12-7 劳务人员实名制管理系统架构

（a） （b）

图12-8 工点实名制管理通道

## 12.7　安全隐患排查点巡检系统

安全隐患排查点巡检系统可通过登录电脑网页或者手机APP进行操作，要求指挥部及下属各项目部相关岗位人员按固定频率对现场安全隐患进行排查并上传信息至系统，在隐患信息提报后，项目部需根据隐患级别不同分别在4~24 h内响应，并对发布的各级隐患按排查要点和整改时限要求及时进行整改，整改完毕后提出消除申请，各相关岗位或部门人员复核达到要求后予以核准消除。通过任务分解的形式，层层压实安全生产监督各岗位人员的职责，如图12-9所示。

图12-9　安全隐患排查点巡检系统电脑及手机客户端操作页面

## 12.8　各类安全风险监控系统运行与维护管理

指挥部监控中心固定值班人员，按每日2班每班12 h进行固定轮值。做好监控系统信息源校对，每日对所有监控系统信息源进行逐一巡检校对，确保各监控信息源信息正常。确保监控信息源按方案在大屏系统中显示，随时为指挥部各管理人员提供信息，能及时合理切换信息源展示。做好日常值班记录，发现监控中心温湿度及相关监控系统异常时，及时报告，监控系统预警时及时通知相关管理人员。指挥部相关业务部门利用监控平台进行安全日常巡查以外，还增加三方瓦检单位对瓦斯监控系统的日常巡查，确保风控系统有序运行。

项目部设施管理维护，要求项目部安排专人对分监控室及现场监控设施设备进行维护和保养，与指挥部充分对接，发现设备故障立即进行检修。

## 附表1~10 地铁施工重特大危险源安全管理概述附表

### 附表1

深基坑工程开工条件验收记录表

| 工程名称 | | | | 验收日期 | |
|---|---|---|---|---|---|
| 承包商 | | 监理单位 | | 投融资承办单位 | |

深基坑工程开工条件验收内容:

1．工程安全、质量保证体系及制度的建设是否完善。

是☐　否☐　备注:

2．起重吊装设备专项安装方案编制、审批、报验及备案手续是否完成。

是☐　否☐　备注:

3．安全专项施工方案是否通过评审并按专家意见修改完善。

是☐　否☐　备注:

4．监控量测方案、监测点布设及初始值的采集是否按要求完成。

是☐　否☐　备注:

5．地下管线、建构筑物、设施等现状与隧道的关系是否进行了详细的勘察，并制定了处理措施。

是☐　否☐　备注:

6．需要迁改的管线及拆除的建构筑物等是否完成。（若有）

是☐　否☐　备注:

7．需就地保护的管线是否制定专项的保护方案，标示、标牌是否完整且责任到人。

是☐　否☐　备注:

8．降水井布置是否满足设计要求且完成施工，抽排水及含砂量的控制措施是否完善，是否出具降水实验报告。

是☐　否☐　备注:

9．合法的设计、地勘文件资料及会审记录是否完整。

是☐　否☐　备注:

10．应急救援物资是否按要求配置到位。

辨识清楚☐　　未辨识清楚☐

11．施工过程中对存在隐患的建（构）筑物，是否在地方政府部门的协调下完成建（构）筑的现状调查和评估。（若有）

是☐　否☐　备注:

12. 地下管线、建构筑物、设施等现状与结构位置关系是否进行了详细的勘察，并制定了处理措施。

是□　　否□　　备注：

其他验收意见：

参加验收人员（单位）：

建设单位：　　　　　　　　　　　设计单位：

监理单位：　　　　　　　　　　　项目部（投融资承办单位）：

第三方监测单位：　　　　　　　　第三方测量单位：

## 附表2

### 高大模板支撑体系开工条件验收记录表

| 工程名称 | | | 验收日期 | |
|---|---|---|---|---|
| 承包商 | | 监理单位 | | 投融资承办单位 |

高大模板工程开工条件验收内容:

1. 工程安全、质量保证体系及制度的建设是否完善。

　　是□　　否□　　备注:

2. 高大模板专项安全方案是否通过评审并按专家意见完善。

　　是□　　否□　　备注:

3. 设计交底及会审记录是否完整。

　　是□　　否□　　备注:

4. 进场材料报审验收记录是否齐全。

　　是□　　否□　　备注:

5. 特种操作人员数量、上岗证是否符合要求。

　　是□　　否□　　备注:

6. 安全培训、安全技术交底是否完善。

　　是□　　否□　　备注:

7. 基坑四周排水是否通畅,能否满足施工要求。

　　是□　　否□　　备注:

8. 是否按照方案及规范要求搭设高大模板支撑体系(扫地杆、剪刀撑设置符合规范要求)。

　　是□　　否□　　备注:

9. 应急救援物资是否按要求配置到位。

　　是□　　否□　　备注:

其他验收意见：

参加验收人员（单位）：

建设单位： 设计单位：

监理单位： 项目部（投融资承办单位）：

## 附表3

### 人工挖孔桩开工前安全条件验收记录表

| 工程名称 | | | | 验收日期 | |
|---|---|---|---|---|---|
| 承包商 | | 监理单位 | | 投融资单位 | |

（包含但不限于以下内容）：

1．工程安全、质量保证体系建设是否完善。

　　是□　　否□　　备注：

2．合法图纸、地勘资料及设计图会审是否完整。

　　是□　　否□　　备注：

3．安全专项施工方案是否通过评审并按专家意见完善。

　　是□　　否□　　备注：

4．应急救援物资是否按要求配置到位。

　　是□　　否□　　备注：

5．监控量测方案、监测点布设及初始值的采集是否按要求完成。

　　是□　　否□　　备注：

6．作业人员资质及进场材料、设备是否通过监理审核和验收。

　　是□　　否□　　备注：

7．施工范围降水是否满足施工要求。

　　是□　　否□　　备注：

8．有限空间通风及气体检测是否满足要求。

　　是□　　否□　　备注：

9．地下管线、建构筑物、设施等现状与结构位置关系是否进行了详细的勘察，并制定了处理措施。

　　是□　　否□　　备注：

10．安全培训、安全技术交底是否完善。

　　是□　　否□　　备注：

其他验收意见：

参加验收人员（单位）：

建设单位：                          勘察单位：

设计单位：                          监理单位：

项目部：                            投融资单位：

第三方监测单位：                    第三方测量单位：

## 附表4

### 顶管开工前安全条件验收记录表

| 工程名称 | | | | 验收日期 | |
|---|---|---|---|---|---|
| 承包商 | | 监理单位 | | 投融资单位 | |

（包含但不限于以下内容）：

1．工程安全、质量保证体系建设是否完善。

　　是□　　否□　　备注：

2．合法图纸、地勘资料是否完整。

　　是□　　否□　　备注：

3．安全专项施工方案是否通过评审并按专家意见完善。

　　是□　　否□　　备注：

4．监控量测方案、监测点布设及初始值的采集是否按要求完成。

　　是□　　否□　　备注：

5．顶管穿越地下管线、地上构筑物、穿过河道等现状与结构位置关系是否进行了详细的勘察，并制定了处理措施。

　　是□　　否□　　备注：

6．施工范围降水是否满足施工要求。（若有）

　　是□　　否□　　备注：

7．应急救援物资是否按要求配置到位。

　　是□　　否□　　备注：

8．有限空间通风及气体检测是否满足要求。

　　是□　　否□　　备注：

9．作业人员资质及进场材料、设备是否通过监理审核和验收。

　　是□　　否□　　备注：

10．施工过程中对存在隐患的建（构）筑物，是否完成现状调查或现状评估。（若有）

　　是□　　否□　　备注：

11．安全培训、安全技术交底是否完善。

　　是□　　否□　　备注：

其他验收意见：

参加验收人员（单位）：

建设单位：　　　　　　　　　　勘察单位：

设计单位：　　　　　　　　　　监理单位：

项目部：　　　　　　　　　　　投融资单位：

第三方监测单位：　　　　　　　第三方测量单位：

## 附表5

### 矿山法、盖挖施工开工条件验收记录表

| 工程名称 | | | | 验收日期 | |
|---|---|---|---|---|---|
| 承包商 | | 监理单位 | | 投融资承办单位 | |

暗挖、盖挖施工开工条件验收内容：

1. 工程安全、质量保证体系建设是否完善。

　　是□　　否□　　备注：

2. 合法图纸、地勘资料及设计图会审是否完整。

　　是□　　否□　　备注：

3. 人员配置能否满足施工要求。（包括劳务队伍）

　　是□　　否□　　备注：

4. 应急救援物资是否按要求配置到位。

　　是□　　否□　　备注：

5. 危险性较大的分部分项工程安全专项施工方案是否通过评审并按专家意见完善。

　　是□　　否□　　备注：

6. 作业人员资质及进场材料、设备是否通过监理审核和验收。

　　是□　　否□　　备注：

7. 监控量测方案、监测点布设及初始值的采集是否按要求完成。

　　是□　　否□　　备注：

8. 洞门处边、仰坡防护及截排水措施是否完成。

　　是□　　否□　　备注：

9. 施工范围降水是否满足施工要求。（若有）

　　是□　　否□　　备注：

10. 上下通道、照明、应急疏散措施及临时用电等是否满足要求。

　　是□　　否□　　备注：

11. 有限空间通风及气体检测是否满足要求。

　　是□　　否□　　备注：

12. 地下管线、建构筑物、设施等现状与结构位置关系是否进行详细的勘察，并制定了处理措施。

　　是□　　否□　　备注：

13. 施工过程中对存在隐患的建（构）筑物，是否完成现状调查或现状评估。（若有）

是□　　否□　　备注：

其他验收意见：

参加验收人员（单位）：

建设单位：　　　　　　　　　　　　设计单位：

监理单位：　　　　　　　　　　　　项目部（投融资承办单位）：

第三方监测单位：　　　　　　　　　第三方测量单位：

## 附表6

### 盾构起重吊装开工条件验收记录表

| 工程名称 | | | | 验收日期 | |
|---|---|---|---|---|---|
| 承包商 | | 监理单位 | | 投融资承办单位 | |

盾构吊装前条件验收内容：

1．盾构吊装专项方案是否经专家评审。

是□　否□　备注：

2．盾构吊装专项方案是否已上报监理回批。

是□　否□　备注：

3．盾构吊装管理作业人员配置能否满足盾构吊装施工要求。

是□　否□　备注：

4．盾构吊装场地布置是否已经完成。

是□　否□　备注：

5．盾构吊装特种作业人员是否已上报监理审批。

是□　否□　备注：

6．盾构吊装设备是否完成报验手续，并已上报监理审批。

是□　否□　备注：

7．监测点是否已布设，初始值是否已经采集。

是□　否□　备注：

8．安全、质量保证体系是否已建立。

是□　否□　备注：

其他验收意见：

参加验收人员（单位）：

建设单位： 设计单位：

监理单位： 项目部（投融资承办单位）：

第三方监测单位：

## 附表7

### 盾构始发、到达开工条件验收记录表

| 工程名称 | | | | 验收日期 | |
|---|---|---|---|---|---|
| 承包商 | | 监理单位 | | 投融资承办单位 | |

盾构始发、到达开工条件验收内容：

1. 工程安全、质量保证体系及制度建设是否完善。

　　是☐　　否☐　　备注：

2. 人员配置能否满足盾构施工要求（包括劳务队伍）。

　　是☐　　否☐　　备注：

3. 起重吊装设备安装专项方案的编制、审批、报验、备案等工作是否完成。

　　是☐　　否☐　　备注：

4. 盾构始发及试掘进方案是否完成编制和审批。

　　是☐　　否☐　　备注：

5. 盾构始发要求范围内监控量测方案、监测点布设、初始值的采集是否按要求完成。

　　是☐　　否☐　　备注：

6. 盾构掘进控制点是否经第三方测量单位复测，测量导向系统是否调试完成。

　　是☐　　否☐　　备注：

7. 端头加固专项方案的编制、审批是否完成，现场加固是否完成并通过监理验收。

　　是☐　　否☐　　备注：

8. 降水井的布设及降水是否满足要求。（若有）

　　是☐　　否☐　　备注：

9. 盾构机选型方案、专家评审意见、盾构机厂家评估报告、承包商自检等资料是否完备；盾构机是否通过由投融资承办单位、监理的初验，存在的问题是否整改落实。

　　是☐　　否☐　　备注：

10. 合法的设计、地勘文件资料及会审记录是否完整。

　　是☐　　否☐　　备注：

11. 重特大危险源方案是否通过专家评审并按专家意见落实。

　　是☐　　否☐　　备注：

12. 对存在结构安全隐患的建（构）筑物完成现状调查或现状评估。（若有）

　　是☐　　否☐　　备注：

13. 有限空间通风及气体检测是否满足要求。

是☐  否☐  备注：

其他验收意见：

参加验收人员（单位）：

建设单位：　　　　　　　　　　　设计单位：

监理单位：　　　　　　　　　　　项目部（投融资承办单位）：

第三方监测单位：　　　　　　　　第三方测量单位：

附表8

### 盾构穿越建（构）筑物开工条件验收记录表

| 工程名称 | | | | 验收日期 | |
|---|---|---|---|---|---|
| 承包商 | | 监理单位 | | 投融资承办单位（若有） | |

盾构穿越建（构）筑物开工条件验收内容：

1. 工程安全、质量保证体系及制度建设是否完善。

　　是□　　否□　　备注：

2. 人员配置能否满足盾构施工要求（包括劳务队伍）。

　　是□　　否□　　备注：

3. 盾构穿越建（构）筑物方案是否完成编制和审批。

　　是□　　否□　　备注：

4. 盾构穿越要求范围内监控量测方案、监测点布设、初始值的采集是否按要求完成。

　　是□　　否□　　备注：

5. 建（构）筑物预加固是否完成并通过监理验收。

　　是□　　否□　　备注：

6. 降水井的布设及降水是否满足要求。（若有）

　　是□　　否□　　备注：

7. 合法的设计、地勘文件资料及会审记录是否完整。

　　是□　　否□　　备注：

8. 重特大危险源方案是否通过专家评审并按专家意见落实。

　　是□　　否□　　备注：

9. 对存在结构安全隐患的建（构）筑物完成现状调查或现状评估。（若有）

　　是□　　否□　　备注：

10. 施工穿越地铁、铁路、公路、高架桥等既有线的，是否按产权单位要求编制专项施工方案并完成相关的审批和专家论证，且完成与产权单位的安全生产协议的签订。（若有）

　　是□　　否□　　备注：

其他验收意见：

参加验收人员（单位）：

建设单位：  设计单位：

监理单位：  项目部（投融资承办单位）：

第三方监测单位：  第三方测量单位：

附表9

## 盾构机换刀开工条件验收记录表

| 工程名称 | | | | 验收日期 | |
|---|---|---|---|---|---|
| 承包商 | | 监理单位 | | 投融资承办单位 | |

盾构机开仓换刀条件验收内容：

1．工程安全、质量保证体系及制度建设是否完善。

是□　　否□　　备注：

2．作业人员是否经过安全及技术交底培训。

是□　　否□　　备注：

3．降水方案是否完成编制、专家论证及审批工作。

是□　　否□　　备注：

4．降水井的数量、深度及井管构成是否满足方案要求。

是□　　否□　　备注：

5．降水时间及地下水位是否满足开仓要求。

是□　　否□　　备注：

6．盾构换刀作业方案是否编制完成并经过投融资承办单位、监理单位和建设分公司审批。

是□　　否□　　备注：

7．开仓位置掌子面加固是否完成并通过监理验收。

是□　　否□　　备注：

8．换刀位置监控量测方案、监测点布设及初始值的采集是否按要求完成。

是□　　否□　　备注：

9．应急物资是否按要求配备齐全并经过监理检查确认。

是□　　否□　　备注：


其他验收意见：

参加验收人员（单位）：

建设单位：　　　　　　　　　　设计单位：

监理单位：　　　　　　　　　　项目部（投融资承办单位）：

第三方监测单位：　　　　　　　第三方测量单位：

附表10

## 瓦斯隧道工程开工条件验收记录表

| 工程名称 | | | | 验收日期 | |
|---|---|---|---|---|---|
| 承包商 | | 监理单位 | | 投融资承办人 | |

1．施工组织方案及工程安全、质量保证体系及制度的建设是否完善。

是□　否□　备注：

2．安全专项施工方案、瓦斯检测方案、通风方案等是否通过评审并按专家意见修改完善。

是□　否□　备注：

3．监控量测方案、监测点布设及初始值的采集是否按要求完成。

是□　否□　备注：

4．洞门施工测量成果是否报审，第三方测量单位复核是否完成。

是□　否□　备注：

5．需要迁改的管线及建构筑物的保护措施等是否完成。（若有）

是□　否□　备注：

6．合法的设计、地勘文件资料及会审记录是否完整。

是□　否□　备注：

7．洞口管棚、"三通一平"、截排水沟、边仰坡防护等工作是否按要求完成。

是□　否□　备注：

8．瓦斯检测组织机构是否建立，是否满足施工要求。

是□　否□　备注：

9．岗亭设置、门卫及制度、交底等是否完成。

是□　否□　备注：

10．瓦检设备是否检定、瓦检人员等特种人员是否持证上岗。

是□　否□　备注：

11．隧道内用电、照明、盾构机及开挖、支护等机械设备防爆措施是否到位，且具有合格检测报告。

是□　否□　备注：

12．作业人员及相关人员瓦斯专业知识培训是否完成，各工序的技术交底是否完成。

是□　否□　备注：

13．超前地质预报、瓦斯超前探孔是否完成。

是□　否□　备注：

14. 洞外变压器等重要建构筑物防、避雷设施是否满足施工要求。

是☐　　否☐　　备注：

15. 洞外临时设施布置是否满足瓦斯隧道施工要求。

是☐　　否☐　　备注：

16. 应急救援物资是否按要求配置到位。

是☐　　否☐　　备注：

17. 民爆物品库是否通过验收。

是☐　　否☐　　备注：

18. 施工过程中对存在隐患的建（构）筑物，是否完成现状调查和评估。（若有）

是☐　　否☐　　备注：

19. 门禁系统、瓦斯监测系统建立及联网、通风系统是否按照设计及方案要求完成。

是☐　　否☐　　备注：


其他验收意见：


参加验收人员（单位）：


建设单位：　　　　　　设计单位：　　　　　　地勘单位：




监理单位：　　　　　　　　项目部（投融资承办单位）：




第三方监测单位：　　　　　　第三方测量单位：




瓦斯监测单位：

## 附表11~13 主体结构高大模板支撑体系施工安全管理附表

### 附表11

模板支架过程检查表

| 项目名称 | | | | 所属单位 | | |
|---|---|---|---|---|---|---|
| 支撑体系情况 | 部　位 | 区　　层　　轴～　轴交　轴～　轴 | | | | |
| | 高　度 | | m | 最大总荷载 | | kN |
| | 跨　度 | | m | 最大线荷载 | | kN/m |
| 方案情况 | 编制人 | | | 编制时间 | | 年　月　日 |
| | 审核人 | | | 审核时间 | | 年　月　日 |
| | 批准人 | | | 批准时间 | | 年　月　日 |
| 周转料具材质 | 钢管规格 | | 十字扣件 | kg | 旋转扣件 | kg |
| | 钢管壁厚实测 | mm | 接头扣件 | kg | 其他 | |
| 方案相关要求 | 立杆间距要求 | | m | 基础及垫板设置要求 | | |
| | 扫地杆设置要求 | | | 扣件拧紧力矩要求 | | N·m |
| | 步距设置要求 | | m | 其他要求 | | |
| 支撑架底座验收情况 | 立杆间距 | | m | 基础及垫板设置情况 | | □合格□不合格 |
| | 扫地杆设置情况 | □齐全□不齐全 | | 扣件拧紧力矩 | | N·m |
| | 方案是否报公司审批 | □是□否□不需 | | 安全技术交底情况 | | □合格□不合格 |
| | 安全教育情况 | □合格□不合格 | | 技术交底情况 | | □合格□不合格 |
| | 步距设置情况 | | m | 其他 | | |
| 项目内部验收 | | | | | | |
| 验收人 | 搭设班组长 | | | 分包负责人 | | |
| | 责任工程师 | | | 生产经理 | | |
| | 质量部 | | | 质量总监 | | |
| | 技术部 | | | 技术总工 | | |
| | 安监部 | | | 安全总监 | | |
| | 项目经理 | | | 验收时间 | | 年　月　日 |

注：
1. 模板支撑体系纵横扫地杆搭设完成，且立杆和第一步横杆搭设完成后，由责任工程师向项目经理/生产经理提交支撑体系基础验收申请，由项目经理/生产经理组织验收。高支模支撑体系的相关验收必须由项目经理组织。
2. 钢管壁厚和扣件质量测试时，取总使用量的3%抽检，填写实测平均值。
3. 需报上级验收的，此表应在基础验收通过后立即上报上级安监部备案。

## 附表12

模板支架使用验收表

| 项目名称 | | | | 所属单位 | | |
|---|---|---|---|---|---|---|
| 支撑体系情况 | 部位 | | 区 层 轴~ 轴交 轴~ 轴 | | | |
| | 高度 | | m | 最大总荷载 | | kN |
| | 跨度 | | m | 最大线荷载 | | kN/m |
| 方案情况 | 编制人 | | | 编制时间 | | 年 月 日 |
| | 审核人 | | | 审核时间 | | 年 月 日 |
| | 批准人 | | | 批准时间 | | 年 月 日 |
| 周转料具材质 | 钢管规格 | | 十字扣件 | kg | 旋转扣件 | kg |
| | 钢管壁厚实测 | mm | 接头扣件 | kg | 其他 | |
| 方案相关要求 | 立杆间距要求 | | m | 基础及垫板设置要求 | | |
| | 扫地杆设置要求 | | | 扣件拧紧力矩要求 | | N·m |
| | 步距设置要求 | | m | 其他要求 | | |
| 支撑架底座验收情况 | 立杆间距 | | m | 基础及垫板设置情况 | | □合格□不合格 |
| | 扫地杆设置情况 | □齐全□不齐全 | | 扣件拧紧力矩 | | N·m |
| | 方案是否报公司审批 | □是□否□不需 | | 安全技术交底情况 | | □合格□不合格 |
| | 安全教育情况 | □合格□不合格 | | 技术交底情况 | | □合格□不合格 |
| | 步距设置情况 | | m | 其他 | | |
| 项目内部验收 | | | | | | |
| 验收人 | 搭设班组长 | | | 分包负责人 | | |
| | 责任工程师 | | | 生产经理 | | |
| | 质量部 | | | 质量总监 | | |
| | 技术部 | | | 技术总工 | | |
| | 安监部 | | | 安全总监 | | |
| | 项目经理 | | | 验收时间 | | 年 月 日 |

注：模板支架搭设完毕、梁模及板模铺设前，项目经理应组织项目生产经理、总工程师、安全总监、质量总监、责任工程师等人员对架体进行内部验收并签字，方可铺设模板。

附表13

## 高大模板支架混凝土浇筑核准表

| 项目名称 | | | | 所属单位 | | | |
|---|---|---|---|---|---|---|---|
| 支撑体系情况 | 部　位 | | 区　　层　　轴～　轴交　轴～　轴 | | | | |
| | 高　度 | | m | 最大总荷载 | | | kN |
| | 跨　度 | | m | 最大线荷载 | | | kN/m |
| 方案情况 | 编制人 | | | 编制时间 | | 年　月　日 | |
| | 审核人 | | | 审核时间 | | 年　月　日 | |
| | 批准人 | | | 批准时间 | | 年　月　日 | |
| 周转料具材质 | 钢管规格 | | 十字扣件 | kg | 旋转扣件 | | kg |
| | 钢管壁厚实测 | mm | 接头扣件 | kg | 其他 | | |
| 方案相关要求 | 立杆间距要求 | | m | 基础及垫板设置要求 | | | |
| | 扫地杆设置要求 | | | 扣件拧紧力矩要求 | | | N·m |
| | 步距设置要求 | | m | 其他要求 | | | |
| 模板支架验收情况 | 立杆间距 | | m | 基础及垫板设置情况 | | □合格□不合格 | |
| | 扫地杆设置情况 | □齐全□不齐全 | | 扣件拧紧力矩 | | | N·m |
| | 方案是否报公司审批 | □是□否□不需 | | 安全技术交底情况 | | □合格□不合格 | |
| | 安全教育情况 | □合格□不合格 | | 技术交底情况 | | □合格□不合格 | |
| | 步距实测 | | m | 其他 | | | |
| 项目内部验收 | | | | | | | |
| 验收人 | 搭设班组长 | | | 分包负责人 | | | |
| | 责任工程师 | | | 生产经理 | | | |
| | 质量部 | | | 质量总监 | | | |
| | 技术部 | | | 技术总工 | | | |
| | 安监部 | | | 安全总监 | | | |
| | 项目经理 | | | 验收时间 | | 年　月　日 | |
| 上级现场核验 | | | | | | | |
| 指挥部验收 | 验收意见：<br><br>签字：<br>　　　　　　　　　　　　　　　日期：　年 月 日 | | | | | | |

注：模板支撑体搭设完毕，混凝土浇筑前，标段项目部进行内部验收并签字，报上级单位核准验收合格后方可进行混凝土浇筑施工。

## 附表14~18 瓦斯隧道施工安全管理附表

### 附表14

瓦斯隧道测风平行检验表（旬测）

| 工程名称： | | | | 工区： | | | | | 日期： 年 月 日 | | |
|---|---|---|---|---|---|---|---|---|---|---|---|
| 洞口风机型号、功率等参数 | | | | | | 测风时主风机挡位 | | | | | |
| 序号 | 实测最大瓦斯浓度 CH₄ | 回风断面尺寸/m 度 | 回风断面尺寸/m 度 | 检测断面面积/m² | 风表读数/(r/min) 一 | 风表读数/(r/min) 二 | 风表读数/(r/min) 三 | 实际风速/(m/s) 速 | 实际风速/(m/s) | 计算风量/(m³/min) | 计算绝对瓦斯涌出量/(m³/min) |
| 1 | | | | | | | | | | | |
| 2 | | | | | | | | | | | |
| 3 | | | | | | | | | | | |
| 4 | | | | | | | | | | | |
| 5 | | | | | | | | | | | |
| 6 | | | | | | | | | | | |
| 7 | | | | | | | | | | | |
| 8 | | | | | | | | | | | |
| 9 | | | | | | | | | | | |
| 10 | | | | | | | | | | | |
| 11 | | | | | | | | | | | |
| 12 | | | | | | | | | | | |
| 13 | | | | | | | | | | | |
| 14 | | | | | | | | | | | |
| 15 | | | | | | | | | | | |
| 意见： | | | | | | | | | | | |

附表15

### 安全监控系统巡检记录表

| 工程名称： | | 工区： | | 资料编号： | |
|---|---|---|---|---|---|
| 年 月 日 | 班次 | | | 巡检人员 | |
| 巡检线路及地点 | | | | | |
| 发现问题及隐患 | | | | | |
| 处理结果 | | | | | |
| 备注 | | | | | |

附表16　　　　　　　　　　　人工检测巡检记录表

| 工程名称： | | 工区： | | 资料编号： | |
|---|---|---|---|---|---|
| 年　月　日 | 班次 | | | 巡检人员 | |
| 巡检线路及地点 | | | | | |
| 发现问题及隐患 | | | | | |
| 处理结果 | | | | | |
| 备注 | | | | | |

附表17

## 瓦斯隧道"两闭锁"检测记录表

工程名称：　　　　　工区：　　　　　　　　资料编号：

| 序号 | 闭锁事项 | 检测方式 | 检测情况 | 处理情况 | 检测人 | 检测日期 |
|------|----------|----------|----------|----------|--------|----------|
|      |          |          |          |          |        |          |
|      |          |          |          |          |        |          |
|      |          |          |          |          |        |          |
|      |          |          |          |          |        |          |
|      |          |          |          |          |        |          |
|      |          |          |          |          |        |          |
|      |          |          |          |          |        |          |
|      |          |          |          |          |        |          |
|      |          |          |          |          |        |          |
|      |          |          |          |          |        |          |
|      |          |          |          |          |        |          |
|      |          |          |          |          |        |          |
|      |          |          |          |          |        |          |
|      |          |          |          |          |        |          |
|      |          |          |          |          |        |          |
|      |          |          |          |          |        |          |
|      |          |          |          |          |        |          |
|      |          |          |          |          |        |          |
|      |          |          |          |          |        |          |
|      |          |          |          |          |        |          |

## 附表18 瓦斯隧道安全日常检查记录表

| 工程名称: | | 瓦斯工区: | 等级: | 资料编号: | |
|---|---|---|---|---|---|
| 序号 | 检查事项 | | 桩号/部位 | 检查情况描述 | |
| 1 | 洞口20 m范围内是否存在火源 | | | | |
| 2 | 洞口人员登记、检查记录 | | | | |
| 3 | 是否穿着易产生静电的服装进洞 | | | | |
| 4 | 进洞人员是否存在携带香烟、火机或手机进洞 | | | | |
| 5 | 是否按规定携带甲烷检测报警仪等仪表 | | | | |
| 6 | 个人防护用品 | | | | |
| 7 | 洞内灭火器等消防设施 | | | | |
| 8 | 通风机运行情况，通风筒是否顺直、漏风、距离掌子面距离等 | | | | |
| 9 | 各作业点甲烷等传感仪吊挂是否符合要求 | | | | |
| 10 | 焊接动火安全措施是否到位 | | | | |
| 11 | 一炮三检制的落实情况 | | | | |
| 12 | 洞内电缆 | | | | |
| 13 | 真空电磁启动器 | | | | |
| 14 | 检漏继电器 | | | | |
| 15 | 防爆插销 | | | | |
| 16 | 真空馈电开关 | | | | |
| 17 | 综合保护装置 | | | | |
| 18 | 隔爆型母线盒 | | | | |
| 19 | 照明灯具 | | | | |
| 20 | 安全监控线路 | | | | |
| 21 | 台车运行 | | | | |
| 22 | 人员遵章守纪情况 | | | | |
| 23 | 排班管理 | | | | |

## 附表19~21　盾构隧道施工安全管理概述附表

### 附表19

成都地铁盾构工程应急救援物资设备

1. 应急机械设备配备表

| 序号 | 机械名称 | 规格 | 数量（台） |
|---|---|---|---|
| 1 | 潜水泵 | 30 m³/h | 4 |
| 2 | 污水泵 | 7.5 kW/130 m³ | 4 |
| 3 | 发电机组 | 75 kW | 2（现场存放） |
| 4 | 交流电焊机 | BX3-500 | 2 |
| 5 | 乙炔割枪 |  | 2 |

2. 应急物资配备表

| 序号 | 物资名称 | 单位 | 数量 |
|---|---|---|---|
| 1 | 水管 | m | φ90/φ85/φ50 不少于500 m |
| 2 | 注浆管 | m | 100 |
| 3 | 消泡剂 | kg | 100 |
| 4 | 钢板 | 张 | 5（2 m×4 m 20 mm厚） |
| 5 | 围挡板 | 米 | 总长120 m（高度不低于2 m） |
| 6 | 手推车 | 个 | 6（分工点存放） |
| 7 | 配电箱 | 个 | 二级2个，三级8个 |
| 8 | 照明灯具 | 套 | 10 |
| 9 | 应急灯 | 个 | 10 |
| 10 | 灭火器 | 个 | 10 |
| 11 | 雨靴 | 双 | 30 |
| 12 | 氧气面罩 | 套 | 20 |
| 13 | 安全带、安全绳 | 根 | 30 |
| 14 | 方木 | 方 | 20 |

续 表

| 序号 | 物资名称 | 单位 | 数量 |
|---|---|---|---|
| 15 | 编织袋 | 只 | 3 000 |
| 16 | 砂 | 方 | 10方/每工点 |
| 17 | 铁锹 | 把 | 10 |
| 18 | 袋装水泥 | 吨 | 5 t/每工点 |
| 19 | 反光背心 | 套 | 20 |
| 20 | 锥形桶 | 支 | 20支/每工点 |
| 21 | 警示带 | 卷 | 2卷/每工点 |
| 22 | 氧气瓶 | 只 | 2只/每工点 |
| 23 | 乙炔瓶 | 只 | 2只/每工点 |
| 24 | 急救药箱 | 只 | 3 |
| 25 | 担架 | 副 | 2 |
| 26 | 对讲机 | 台 | 10 |
| 27 | 柴油 | 升 | 180 |
| 28 | 电缆 | 米 | 300 |

附表20

交接班记录表

| 盾构机号 | | | 日期 | |
|---|---|---|---|---|
| 交班时间 | | | 接班时间 | |
| 本班施工情况 | | | | |
| 机械、设备异常情况 | | | | |
| 泡沫系统是否正常 | | | | |
| 同步注浆及二次注浆情况 | | | | |
| 成型管片错台、破损情况 | | | 原因分析： | |
| | 注：一旦发生管片破损，请统计破损位置处的错台；一旦发生错台、破损，请将错台、破损原因分析做简要说明，以备下一班参考 | | | |
| 本班存在问题 | | | | |
| 接班须注意事项 | | | | |
| 交班司机 | | | 接班司机 | |

附表21

渣土及注浆量统计表

| 环号 | 日期 | 实际 | | 理论 | | 超挖量 | | 注浆量/$m^3$ | 备注 |
|---|---|---|---|---|---|---|---|---|---|
| | | 体积/$m^3$ | 质量/t | 体积/$m^3$ | 质量/t | 体积/$m^3$ | 质量/t | | |
| | | | | | | | | | |
| | | | | | | | | | |
| | | | | | | | | | |
| | | | | | | | | | |
| | | | | | | | | | |
| | | | | | | | | | |
| | | | | | | | | | |
| | | | | | | | | | |
| | | | | | | | | | |
| | | | | | | | | | |
| | | | | | | | | | |
| | | | | | | | | | |
| | | | | | | | | | |
| | | | | | | | | | |
| | | | | | | | | | |
| | | | | | | | | | |
| | | | | | | | | | |
| | | | | | | | | | |
| | | | | | | | | | |
| | | | | | | | | | |
| | | | | | | | | | |
| | | | | | | | | | |
| | | | | | | | | | |

## 附表22~23  轨行区施工安全管理附表

### 附表22

轨行区作业票

| 申请单位 | | 申请人 | | 电话 | |
|---|---|---|---|---|---|
| 监理单位 | | 复核人 | | 电话 | |
| 申请作业区段（里程） | | | | | |
| 作业内容 | | | | | |
| 采取的防护措施 | 穿戴安全帽、反光背心、防护服防护 | | 是否占用轨道 | | |
| 是否使用轨道车 | | | 是否使用小型车辆 | | |
| 是否动火 | | | 接触网是否停电 | | |
| 使用工机具 | | | 施工人数 | | |
| 带班人员 | | | 防护员（两名） | | |
| 调度组审批情况 | 批准作业区段 | | | | |
| | 批准作业时间 | | | | |
| | 区间段内其他作业情况 | | | | |
| | 需增加安全防护要求 | | | | |
| | 其他注意事项 | | | | |
| 清点人 | | 电话 | | 日期 | |
| 发票批准人 | | 电话 | | 日期 | |
| 销点人 | | 电话 | | 日期 | |
| 销点批准人 | | 电话 | | 日期 | |

附表23

轨行区行车作业票

| 作业编号 | | （单位）轨道车司机： | | 调车员： | | |
|---|---|---|---|---|---|---|
| 作业令号 | | 监理单位审核人： | | | | |
| 作业内容 | 工作地点（线） | 计划运行径路 | | 列车编组 | 工作时间 | |
| | 从 | 至 | | | | |
| | DK | DK | | | 第一计划 | 开始： 年 月 日 |
| | | | | | | 时 分 |
| | | | | | | 完成： 年 月 日 |
| | | | | | | 时 分 |
| | | | | | 第二计划 | 开始： 年 月 日 |
| | | | | | | 时 分 |
| | | | | | | 完成： 年 月 日 |
| | | | | | | 时 分 |
| 车辆类型 | 车号 | 装载重量 | 保护措施（其他信息） | | 车辆是否超越限界 | 接触网是否停电 |
| | | | | | | |
| | | | | | | |
| 清点人：<br>电话： | | 批准清点人：<br>电话： | | 销点人：<br>电话： | | 批准销点人：<br>电话： |

## 附表24~31　起重吊装安全管理附表

### 附表24

项目进场设备验收单

| 项目名称： | | | | | |
|---|---|---|---|---|---|
| 机械名称 | | 规格型号 | | 验收日期 | |
| 检验项目 | 动力系统 | | | | |
| | 传动机构 | | | | |
| | 工作装置 | | | | |
| | 电气系统 | | | | |
| | 安全防护装置 | | | | |
| | 技术资料（制造许可证、产品合格证等） | | | | |
| | 验收意见 | | | | |
| 负责人：<br>使用单位（公章） | | 验收人：<br>总承包单位（公章） | | 监理工程师：<br>监理单位（公章） | |

附表25

大型设备登记台账

| 项目名称： | | | | | | | | | | | |
|---|---|---|---|---|---|---|---|---|---|---|---|
| 序号 | 设备名称 | 规格型号 | 站点（区间） | 生产厂家 | 出厂时间 | 进场时间 | 退场时间 | 出租单位 | 安拆单位 | 备注 |
| | | | | | | | | | | |
| | | | | | | | | | | |
| | | | | | | | | | | |
| | | | | | | | | | | |
| | | | | | | | | | | |
| | | | | | | | | | | |
| | | | | | | | | | | |
| | | | | | | | | | | |
| | | | | | | | | | | |

项目名称： 项目负责人： 编制人： 日 期：

附表26

## 机械设备交接班记录

年　　月　　日

| 设备名称 | | | 统一编号 | | 使用单位 | | 班长 | |
|---|---|---|---|---|---|---|---|---|
| 日期 | | 交班人 | 接班人 | 交接时间 | 保养情况 | 附属工具情况 | 任务情况 | 机械情况 | 注意情况 |
| 1 | Ⅰ班 | | | | | | | | |
| 1 | Ⅱ班 | | | | | | | | |
| 1 | Ⅲ班 | | | | | | | | |
| 2 | Ⅰ班 | | | | | | | | |
| 2 | Ⅱ班 | | | | | | | | |
| 2 | Ⅲ班 | | | | | | | | |
| 3 | Ⅰ班 | | | | | | | | |
| 3 | Ⅱ班 | | | | | | | | |
| 3 | Ⅲ班 | | | | | | | | |

附表27　　　　　　　　　　机械设备周检记录

| 项目名称： | | | |
|---|---|---|---|
| 序号 | 检查发现的隐患 | | 部位 |
| 1 | | | |
| 2 | | | |
| 3 | | | |
| 4 | | | |
| 5 | | | |
| 检查人员 | | 检查时间 | |
| 序号 | 整改要求 | | 限期整改时间 |
| 1 | | | |
| 2 | | | |
| 3 | | | |
| 4 | | | |
| 5 | | | |
| 签发人 | | 整改负责人 | | 签发时间 | |
| 复查结果 | | | | | |
| | | | | | |
| 复查人员 | | 复查时间 | | | |

**附表28**

机械设备保养记录

| 项目名称： | | | 机械编号： | | 机械名称： | | 规格型号： | |
|---|---|---|---|---|---|---|---|---|
| 日期 | 距上次保养间隔 | 保养级别 | 保养项目 | | | 保养人员 | 检验人员 | 备注 |
|  |  |  |  |  |  |  |  |  |
|  |  |  |  |  |  |  |  |  |
|  |  |  |  |  |  |  |  |  |
|  |  |  |  |  |  |  |  |  |
|  |  |  |  |  |  |  |  |  |
|  |  |  |  |  |  |  |  |  |
|  |  |  |  |  |  |  |  |  |
|  |  |  |  |  |  |  |  |  |
|  |  |  |  |  |  |  |  |  |
|  |  |  |  |  |  |  |  |  |
| 负责人： | | | | | | 填表人： | | |

附表29

特种作业人员花名册

| 项目名称： | | | | | | | | | | | 日期 | |
|---|---|---|---|---|---|---|---|---|---|---|---|---|
| 序号 | 姓名 | 性别 | 年龄 | 籍贯 | 工龄 | 进场时间 | 发证单位 | 领证时间 | 工种 | 证件证号 | 证件审核情况 | 人员状况 | 备注 |
| 1 | | | | | | | | | | | | | |
| 2 | | | | | | | | | | | | | |
| 3 | | | | | | | | | | | | | |
| 4 | | | | | | | | | | | | | |
| 5 | | | | | | | | | | | | | |
| 6 | | | | | | | | | | | | | |
| 7 | | | | | | | | | | | | | |
| 项目负责人： | | | | | | | 填表人： | | | | | | |

注：1. 分单位特种人员单独登记入册；
    2. 证件审核情况分为合格、第一次未复核、第二次未复核；
    3. 人员状况分为在职、退场；
    4. 每月进行更新。

**附表30**

起重作业吊装令

编号：

| 工程项目 | | 施工工区 | |
|---|---|---|---|
| 时间 | | 天气 | |
| 设备型号/牌照 | | 吊装内容/部位 | |
| 司机姓名 | | 指挥姓名 | |
| 最大吊送距离 | | 最大起重量 | |
| 检查情况 ||||
| 检查内容 | | 合格 | 不合格 |
| 现场环境符合方案情况 | | ☐ | ☐ |
| 持证上岗情况 | | ☐ | ☐ |
| 吊装设备工况 | | ☐ | ☐ |
| 钢丝绳、扣具检查 | | ☐ | ☐ |
| 制动装置、安全装置 | | ☐ | ☐ |
| 路基及支撑腿检查 | | ☐ | ☐ |
| 作业范围是否设置保护 | | ☐ | ☐ |
| 特殊注意事项 | |||
| 分包单位申请人 | | 责任工程师意见（签名） | |
| 工区机电工长意见（签名） | | 工区安全员意见（签名） | |
| 工区经理意见（签名） | | 驻地工程师意见（签名） | |

附表31　　　　　　　　超过一定规模的起重作业吊装令

编号：

| 工程项目 | | 施工工区 | |
|---|---|---|---|
| 时间 | | 天气 | |
| 设备型号/牌照 | | 吊装内容/部位 | |
| 司机姓名 | | 指挥姓名 | |
| 最大吊送距离 | | 最大起重量 | |
| 检查情况 ||||
| 检查内容 | | 合格 | 不合格 |
| 方案是否经过专家论证 | | □ | □ |
| 现场环境符合方案情况 | | □ | □ |
| 持证上岗情况 | | □ | □ |
| 吊装设备工况 | | □ | □ |
| 钢丝绳、扣具检查 | | □ | □ |
| 制动装置、安全装置 | | □ | □ |
| 路基及支撑腿检查 | | □ | □ |
| 作业范围是否设置保护 | | □ | □ |
| 是否进行"试吊" | | □ | □ |
| 应急预案及物资是否准备到位 | | □ | □ |
| 特殊注意事项 | | | |
| 分包单位申请人 | | 责任工程师意见（签名） | |
| 工区机电工长意见（签名） | | 工区安全员意见（签名） | |
| 工区经理意见（签名） | | 项目安全总监意见（签名） | |
| 项目副经理意见（签名） | | 项目总工意见（签名） | |
| 项目经理意见（签名） | | 驻地工程师意见（签名） | |
| 指挥部安全主管意见（签名） | | 指挥部技术主管意见（签名） | |

# 参考文献

[1] 陈馈，洪开荣，焦胜军. 盾构施工技术[M]. 北京：人民交通出版社，2016.

[2] 祝俊奇. 高速铁路隧道施工中煤与瓦斯突出防治技术研究[D]. 成都：西南交通大学，2016.

[3] 关宝树. 矿山法隧道关键技术[M]. 北京：人民交通出版社，2016.

[4] 熊鲲. 瓦斯隧道施工安全风险管理及应用研究[D]. 成都：西南交通大学，2012.

[5] 《中华人民共和国建筑法》(2019修正).

[6] 《中华人民共和国合同法》.

[7] 《建设工程安全生产管理条例》（国务院393号令）.

[8] 《地铁设计规范》GB 50157-2017.

[9] 《建筑施工安全检查标准》JGJ 59-2011.

[10]《建筑施工安全技术统一规范》GB 50870-2013.

[11]《施工现场机械设备检查技术规范》JGJ 160-2016.

[12]《施工现场临时用电安全技术规范》JGJ 46-2005.

[13]《建筑施工高处作业安全技术规范》JGJ 80-2016.

[14]《塔式起重机安全规程》GB 5144-2006.

[15]《建筑施工碗扣式钢管脚手架安全技术规范》JGJ 166-2016.

[16]《建筑施工扣件式钢管脚手架安全技术规范》JGJ 130-2011.

[17]《建筑施工模板安全技术规范》JGJ 162-2008.

[18]《建筑施工脚手架安全技术统一标准》GB 51210-2016.

[19]《安全标志及其使用导则》GB 2894-2008.

[20]《建筑基坑工程监测技术规范》GB 50497-2009.

[21]《城市轨道交通地下工程建设风险管理规范》GB 50652-2011.

[22]《消防安全疏散标志设置标准》DB 11/1024-2013.

[23]《盾构法开仓及气压作业技术规范》CJJ 217-2014.

[24]《铁路工程测量规范》TB 10101-2009.

[25]《铁路隧道工程施工安全技术规程》TB 10304-2009.

[26]《高强混凝土结构技术规程》CECS 104-1999.

[27]《钢筋机械连接技术规程》JGJ 107-2016.

[28]《隧道工程防水技术规范》CECS 370-2014.

[29]《铁路瓦斯隧道技术规范》TB 10120-2002.

[30]《公路隧道设计规范》JTG D70-2004.

[31]《混凝土砖建筑技术规范》CECS 257-2009.

[32]《建筑工程施工现场标志设置技术规程》JGJ348-2014.